Theodor Kirchhoff

Eine Reise nach Hawaii

Theodor Kirchhoff

Eine Reise nach Hawaii

ISBN/EAN: 9783744700078

Hergestellt in Europa, USA, Kanada, Australien, Japan

Cover: Foto ©Andreas Hilbeck / pixelio.de

Weitere Bücher finden Sie auf **www.hansebooks.com**

Kalakaua I.

König von Hawaii.

Eine

Reise nach Hawaii

von

Theodor Kirchhoff

(In San Francisco.)

Mit einer Karte der Sandwichinseln und dem
Bilde des Königs Kalakaua.

Altona.

Schlüter'sche Buchhandlung. Inhaber: Wilh. Halle.
New-York: E. Steiger & Co.

1890.

Inhalt.

	Seite
Vorwort	XI
Hawaii (Gedicht)	1

Eine Reise nach Hawaii.

Erstes Kapitel. Mit dem Dampfer Australia von San Francisco nach Honolulu. — Die „Oceanic"-Dampfschiffslinie. — Trennung von der civilisierten Welt. — Ein einsames Meer. — Der Mühlenteich. — Tropische Lüfte. — Privatstühle auf dem Verdeck. — Die Hospitalabgabe. — Die Insel Oahu. — Koko Head und Diamond Head. — Ankunft in Honolulu 3

Zweites Kapitel. Allgemeine Notizen über die Sandwichinseln. — Statistisches. — Eine gemischte Bevölkerung. — Das Aussterben der Eingeborenen. — Der Volksstamm der Kanaken. — Schulcensus 11

Drittes Kapitel. Ein Königreich mit zwei Gasthäusern. — Das Hawaiian Hotel. — Erste Eindrücke in Honolulu. — Der Gegenseitigkeitsvertrag und seine Folgen. — Amerikanischer Einfluß und Gepflogenheiten. — Ein Paradies für Droschkenkutscher. — Straßenverkehr und Völkergemisch. — Leis-Kränze. — „Aloha!" — John Chinaman. — Das Musikchor des Herrn Berger. — Konzerte in Queen Emma's Square. — Kanaka-Reiterinnen 18

Seite

Viertes Kapitel. Der Palast des Königs. — Das Regierungsgebäude. — Ein hawaiisches Museum. — Die Wohnungen der
Reichen. — Der Tropenschmuck Honolulus. — Das Hospital
der Königin. — Nach Waikiki. — Diamond Head und ein
Kokospalmenhain. — Die Villa am Meere. — Die Badeanstalt. — Schwimmende Kanaken. — Die Goldfischteiche. —
Eine hawaiische Kinderschule und ein Chinesenladen   30

Fünftes Kapitel. Ausflug nach dem Pali. — Das Nuuanuthal. —
Kanaken und Chinesen auf der Landstraße. — Auf dem Pali
im Regen. — Ein Stück hawaiischer Geschichte. — Kamehameha
der Große und die Schlacht auf dem Pali. — Hawaiische Lieder
und Sagen   38

Sechstes Kapitel. Auf dem Dampfer Kinau nach dem Vulkan. —
Eine bunte Schiffsgesellschaft. — Nach Maui. — Ein wackeliger
Dampfer. — Die rauhen Kanäle zwischen den Inseln. — Zahlreiche Spuren vulkanischer Thätigkeit. — Durch die Apolo-See
nach Hawaii. — Ratlose „Japs". — Die Winterhäfen der alten
Walfischfahrer. — An der Küste von Hilo. — Die Kanaken als
unübertreffliche Seeleute. — Haifischgeschichten. — Eine Landung
in Körben. — Die Bucht von Hilo   48

Siebentes Kapitel. Die Stadt Hilo und ihre Umgebung. —
20 Fuß Regen im Jahr. — Der große Lavastrom dicht vor
Hilo. — Die Beschwörung der Prinzessin Ruth. — In Keauhou.
— Ritt über ein Lavafeld. — Ein tropischer Regensturm. —
Der Yankee-Agent in seinem Heim. — Im Karren nach dem
Vulkan. — Ohiabäume und Pulu-Farne. — Ankunft im
Volcano-House. — Erster Blick in den Krater des Kilauéa . .   58

Achtes Kapitel. Das Panorama des Kilauéa. — Der Mauna
Loa und der Mauna Kea. — Die Caldéra des Kilauéa. —
Die Umgebungen des Volcano-House. — Der Abstieg in den
großen Krater. — Ein Spaziergang von drei Meilen über Lava.
— Der „kleine Bettler". — Peles Haar. — Pele und ihre

Seite

Geschwister. — Läftige Schwefeldämpfe. — Der große Lavasee.
— Der Halemaumau. — Ein waghalsiger Kanake. — Der
Feuersee bei Nacht. — Im Finstern durch den großen Krater. 69

Neuntes Kapitel. Der Kilauéa-iki, der Pelio-Keawe und der
16-Meilen-Spalt. — Das Verschwinden der Lava aus den Feuerseen. — Die Sicherheitsventile der Sandwichinseln. — Mauna
Loa und Kilauéa im Vergleich mit Vesuv, Ätna und Elaptar.
— Der Ausbruch des Mauna Loa und das Erdbeben von Kau
im Jahre 1868. — Die 13 großen vulkanischen Ausbrüche auf
der Insel Hawaii während der letzten hundert Jahre. — Verirrte
Vulkanfahrer. — Der Pavillon im Krater 83

Zehntes Kapitel. Rückreise nach Keauhou. — Das Ufer von Kau.
— Die Windseite und die Leeseite der Insel Hawaii. — Der
Lavastrom vom Januar 1887. — Die Kealakéakua-Bai und
Kapitän Cooks Denkmal. — Die Landschaft Kona. — Die
Rinderherden Hawaiis. — Zum zweiten Mal in Mahulona. —
Der honorable Mr. Parker. — Eisenbahnfahrt nach Niulii. —
Der Hiau-Hawi-Tempel. — Lauhala-Bäume. — Taro und Poi.
— Der Kohala-Zuckerdistrikt. — Der Hualálai. — Fahrt nach
Maui. — Herr Nagano. — Weihnachtsabend auf dem Kinau.
— Der Haleakalá. — Die Maalaea-Bai. — Lahaina und das
Ïaothal. — Wieder in Honolulu 97

Elftes Kapitel. Gesellschaftliches Leben in Honolulu. — Verkehr
unter den Deutschen. — Mischehen. — Cocktails und Poker. —
Eine Stadt voll von Telephonen. — Kostspieliger Haushalt. —
Kalakaua und seine Vorgänger. — Ein gewissenloser Herrscher.
— Die zwei großen Revolutionen. — Claus Spreckels und
Kalakaua. — Königliche Freudenfeste. — Ein zweiter Prinz
Heinz. — Hula-Hulas im Boothause. — Ein Luau. — Geburts-
tagsbesuch bei der Königin Kapiolani. — Großer Empfang im
Palast. — Neujahrsbesuche 113

Seite

Zwölftes Kapitel. Die Regierungsform des Königreichs Hawaii. — Politische Parteien. — Eine Sitzung des hawaiischen Parlaments. Die Arbeiterverhältnisse auf den Sandwichinseln.—Maßregeln gegen die Überhandnahme der Chinesen. — Kontraktarbeit. — Japaner, Portugiesen, Südsee Insulaner und Deutsche als Kontraktarbeiter 132

Dreizehntes Kapitel. Das Klima der Sandwichinseln. — Einfluß des Passats auf die Witterungsverhältnisse. — Der Regenfall und seine Grenzen. — Das „Inselreich der Iris". — Krankheiten und Sterbeberichte 146

Vierzehntes Kapitel. Der Aussatz im Königreiche Hawaii. — Verbreitung des Aussatzes unter den Kanaken. — Beschreibung der Krankheit. — Der Aussatz in anderen Ländern. — Ist Leprosis ansteckend? — Der Pater Damien und seine Nachfolger. — Der von Dr. Arning geimpfte Mörder. — Bericht des amerikanischen Konsuls Putnam. — Bericht der Mikroskopischen Gesellschaft in San Francisco. — Der Aussatz in Californien. — Die Halbinsel Kalawao auf der Insel Molokai. — Die Ansiedelungen der Aussätzigen in Kalawao und Kalaupapa. — Das Zweig-Hospital bei Kakaako 152

Fünfzehntes Kapitel. Ausflug nach Wainae. — Der Kriegs=dampfer Kaimiloa. — Kalakauas Kaiserpläne. — Der Perlen=fluß-Hafen. — Eine Lockspeise für Onkel Sam. — Der Anbau von Reis auf den Sandwichinseln. — Der Kaala und die Kraterberge bei Wainae. — Ankunft in Wainae. — Ein Lager Kamehamehas III. — Das Thal Maloha. — Bissige Moskitos. — Armut der ursprünglichen Tier= und Pflanzenwelt in Hawaii. — Gespenster in meinem Schlafgemach. — Kampf mit „Preußen" auf der Veranda. -- Die Zuckermühle in Wainae 167

Sechszehntes Kapitel. Die Zuckerindustrie auf den Sandwichinseln. — Bestimmungen des Zollvertrags mit Bezug auf Rohzucker. — Nutzen des Zollvertrags für die Pflanzer. — Der drohende neue Tarif in den Vereinigten Staaten. — Der Zuckerkönig

Zeite

Claus Spreckels. — Die California Sugar Refinery in San Francisco. — Die große Zuckerpflanzung bei Spreckelsville auf der Insel Maui. — Schicksale der Hawaiian Sugar and Commercial Company. — Auf der Landungsbrücke von Wainae. — Rückkehr nach Honolulu. — Das Kreuz des Südens. — Eine nächtliche Seefahrt unter den Tropen 178

Siebenzehntes Kapitel. Letzte Tage in Honolulu. — Ein Zukunfts-label. — Der „Dampfertag" in Honolulu. — Auf die Punsch-bowle. — Das alte Fort. — Die Schlacht beim Punch-Bowl. — Ankunft der Zealandia. — Erlaubnis zur Abreise. — Unangenehme Lage des Bullenmalers Tavernier. — Ein herz-licher Abschied 191

Vorwort.

Unsere Zeit ist so schnell lebend, daß mancher, in dessen Hände dies Buch gelangt, sagen wird, es sei diese Schilderung einer Reise nach dem schönen Inselland in der Südsee bereits veraltet. Im Reiche Kalakauas geht die Uhr des Fortschritts aber viel langsamer, als in Europa oder in den Vereinigten Staaten von Nordamerika, wo zwei Jahre heute fast so viel bedeuten wie vor hundert Jahren zwei Menschenalter. Die biederen Insulaner sehen das Menschendasein gern von der gemütlichen Seite an, und wem das Glück zuteil wird, auch einmal seinen Fuß auf jenes Stück sonniger Erde zu setzen, dem werden diese Federzeichnungen von Land und Leuten in Hawaii wohl kaum verblaßt erscheinen.

Vom Ufer des blauen Léman sende ich diese Blätter in die weite Welt. Beim Betrachten des Dent du Midi in seinem silbernen Kleide und der idyllischen Umgebungen des Genfer Sees habe ich oft an mich die Frage gestellt, wem wohl der Preis der Schönheit gebühre, der herrlichen Schweiz oder

der in meiner Erinnerung hier wieder neu aufgelebten sonnigen Inselwelt Hawaiis: eine müßige Frage, weil die Schönheit beider eigener Art ist.

Für solche, denen es nicht vergönnt ist über die Meere zu wandern und den Glanz fremder Zonen zu schauen, wurden diese Blätter geschrieben. Sie erbitten sich als Wegweiser nach einem der schönsten, noch wenig bekannten Erdenflecke einen wohlwollenden Empfang.

Montreux, im Mai 1890.

Theodor Kirchhoff.

Hawaii.

Den Tropen nahe liegst du da,
Hawaii, lichtumflossen,
Du Schmuck von Polynesia,
Dem Ocean entsprossen.
Am sonnigen Gestade glänzt
Das Meer mit blauen Wogen,
Die Bergesstirnen sind bekränzt
Von Iris' Farbenbogen.

Die laue Luft rauscht durch das Grün,
Warm strömt herab der Regen,
Und Blumen allerorten blühn
In Gärten und Gehegen.
Es schmücken Männer sich und Fraun
Das Haupt, die Brust mit Kränzen,
Daraus die Rosen leuchtend schaun
Und wilde Blumen glänzen.

Auf Mauna Loa's Gipfel weht
Von seiner ris'gen Warte,
Wenn blutrot er im Feuer steht,
Des Inselreichs Standarte;
Und unablässig wogt empor
Die Glut an Kraterwänden
Aus Kilauéa's Höllenthor
Von Pele's Flammenhänden.

1

Hier Waldesgrün und Blumenrain,
Und ringsum Palmenbäume,
Und Lebenslust und Sonnenschein,
Musik und heitre Träume;
Dort in der Erde tiefem Schoß
Der Lava roter Schrecken,
Bereit, mit donnerndem Getos'
Den Riesenleib zu recken.

So prangst du, schönes Inselland,
Voll goldnen Lichts und Wonne, —
Ein Paradies am Höllenrand
Im Glanz der Tropensonne.
Laut ist dein Lob, du Feuerbraut,
In alle Welt erklungen.
Auch mir, der deine Pracht geschaut,
Hast du das Herz bezwungen.

Eine Reise nach Hawaii.

Erstes Kapitel.

Mit dem Dampfer Australia von San Francisco nach Honolulu. — Die „Oceanic"-Dampfschiffslinie. — Trennung von der civilisierten Welt. — Ein einsames Meer. — Der Mühlenteich. — Tropische Lüfte. — Privatstühle auf dem Verdeck. — Die Hospitalabgabe. — Die Insel Oahu. — Koko Head und Diamond Head. — Ankunft in Honolulu.

Am 7. Dezember 1887 fuhr ich auf dem stattlichen Dampfer Australia durch das goldene Thor hinaus in den großen westlichen Ocean, um dem Reiche Kalakauas einen Besuch abzustatten. Seit vielen Jahren hatte ich mich nach dieser Reise gesehnt. Ich empfand es als eine gerechte Anklage, daß mir, einem alten Californier, der fast jeden Winkel der gesegneten Küstenländer am Stillen Meere, von Panamá bis nach British Columbia, wiederholt besucht hatte, das „Paradies des Pacific", welches doch eigentlich zu uns gehören sollte, nur ein geographischer Begriff geblieben sei. Drüben im Westen, nur etwa 2000 Seemeilen entfernt, lag der größte thätige Vulkan der Erde mit seinem blutroten tobenden Lavasee; Palmen, Tropenhaine, Zuckerpflanzungen, dunkeläugige Kanakamädchen, einen kaffeebraunen König, Aussätzige u. s. w. gab es dort zu sehn;

1*

liebenswürdige Landsleute, die in Honolulu und auf den „Inseln"
wie Gott in Frankreich lebten, hatten mich schon öfters zu Besuch
eingeladen. In der That, es war eine Schande, daß ich, dem
durchaus nichts im Wege stand, die Welt nach Herzenslust zu
durchstreifen, erst jetzt diese für meine Begriffe sehr kleine Reise
unternahm. Aber so ist der Mensch! Das, was ihm am
nächsten liegt, beachtet er am wenigsten, wie es z. B. Tausende
in San Francisco giebt, denen die Naturwunder Californiens
nur aus Bildern und aus Anzeigen der Eisenbahngesellschaften
bekannt geworden sind.

Der eiserne Schraubendampfer Australia, ein Schiff von
1715 Tonnen Gehalt, ist der sogenannte „local steamer"
zwischen San Francisco und Honolulu, der jeden Monat einmal die Verbindung zwischen jenen Plätzen herstellt, während
seine ebenfalls in Honolulu anlegenden Schwesterschiffe Zealandia,
Alameda und Mariposa über Samoa und Auckland bis nach
Sydney fahren. Die im Jahre 1875 am Clyde gebaute Australia,
welche zur Zeit meiner Reise unter hawaiischer Flagge fuhr,
jetzt aber das Sternenbanner trägt, gehört wie die anderen
vorhin genannten Dampfschiffe dem berühmten californischen
Zuckerkönige Claus Spreckels. Mitunter berühren die chinesischen
Dampfer Honolulu, und sogenannte „tramp steamers" (Dampfschiffe, die keine bestimmte Linie innehalten) laufen dort ab und
zu an. Auch werden Postsachen und Reisende gelegentlich von den
Zucker-Schonern befördert. Die regelmäßige Verbindung zwischen
San Francisco und den Sandwichinseln beschränkt sich aber auf
die oben genannten vier Dampfer. Eine Fahrkarte, die Beköstigung eingeschlossen, von San Francisco nach Honolulu und
zurück, gültig für drei Monate, kostet in der ersten Kajüte
125 Dollars.

Als wir in die endlose Weite des Oceans hinausfuhren,
regte sich in mir ein berechtigtes Gefühl der Unzufriedenheit,

weil ich zwei oder gar drei Wochen lang (bis der nächste Dampfer von San Francisco in Honolulu anlangen würde) die übliche Morgenzeitung mit Nachrichten aus aller Herren Ländern beim Frühkaffee entbehren mußte. Was konnte nicht alles während dieser Zeit auf unserem Planeten vorfallen? Es ist gewiß keine Kleinigkeit, vierzehn Tage lang darüber im Unklaren zu bleiben, ob der neue Weltkrieg zuerst in Bulgarien oder in der Champagne ausbrechen wird. Alle meine herrlichen Schlachtpläne mußten dabei vollständig wertlos werden! Sehr vernünftig verfuhr ein vor Jahren in Reykjavik in Island wohnender Deutscher, wo damals nur ein einziger Dampfer in zwölf Monaten aus Kopenhagen eintraf. Unser Landsmann erhielt bei dieser Gelegenheit jedesmal den ganzen letzten Jahrgang der Kölnischen Zeitung und las jeden Morgen beim Kaffee oder Isländischen Thee allemal die dem Datum entsprechende vorjährige Nummer der Kölnischen — war also genau ein Jahr in der Tages-geschichte zurück. Auf der Australia gab es nur Frank Leslies'- und Harper's Wochenblatt zu lesen, deren neueste Nachrichten und nicht gerade Rafaelische Bilder mir nicht einmal den vor-jährigen Jahrgang der Kölnischen zu ersetzen vermochten. Nur die jenen Blättern angehefteten Vulkan-Anzeigen fesselten mich durch ihren mir ganz neuen Inhalt.

Die Dampferfahrt war recht einförmig. Nicht ein bischen Seekrankheit stellte sich bei mir ein, um die Langeweile zu ver-treiben, obgleich sich die Australia durchaus nicht immer im Gleichgewicht über die Wogenhügel dahin bewegte. Stürme, die mitunter auch das Stille Meer gewaltig aufrütteln, ereigneten sich während unserer Reise gar keine. Ich sehnte mich ordentlich nach einer lustigen Brise; aber der alte Okeanos stand damals mit Boreas und seinen Genossen augenscheinlich auf dem besten Fuß und wurde von diesen gar nicht in seinem Schlafe gestört. Das tierische Leben beschränkte sich auf einige große Seevögel

mit langen scharfzugespitzten schwarzen Flügeln, von der Schiffs-
mannschaft Molly Hawks genannt, die uns unermüdet tagaus,
tagein auf unserer Reise begleiteten. Wie diese Vögel es möglich
machten, ohne wahrzunehmenden Flügelschlag halbstundenlang
hin und her zu kreisen, in der Luft auf und ab zu steigen und
oft dicht über die Wogen hinzugleiten, blieb mir lange Zeit ein
Rätsel. Ein mitreisender irischer Naturforscher belehrte mich
endlich zu meiner Freude, indem er mir mitteilte, daß sich die
Molly Hawks lediglich durch ihren Geisteswillen (power of mind)
fortbewegen. Welch eine Aussicht für zukünftige Reisende, wenn
diese bei erstarktem Willen auf ihrem Koffer durch die Luft von
San Francisco nach Honolulu reiten können, und das leidige
Fahrgeld von 125 Dollars alsdann ein überwundener Standpunkt sein wird! Daß ich zu früh auf die Welt gekommen war,
mußte ich bei diesem Gedanken schmerzlich empfinden. — Der
Ocean zeigte so wenige Bewohner wie das Luftmeer. Walfische,
nach denen wir oft ausschauten, bekamen wir gar keine zu
Gesicht, kein Hai ließ sich blicken, und nur einmal erfreute uns
eine Schar lustiger Delphine durch ihre unnachahmlichen Purzel-
bäume. Nie sah ich eine einsamere See. Ein einziges Segelschiff
zog während unserer Reise in weiter Ferne an uns vorüber.

Sechshundert Seemeilen vom goldenen Thor gelangten wir
in den sogenannten Mühlenteich (mill pond), der sich bis in
die Nähe der Sandwichinseln erstreckt. Die See wird dort nur
selten von Winden aufgeregt und liegt fast bewegungslos da;
daher der Name. Die Witterung wurde jetzt merklich wärmer,
das Meer nahm eine tiefblaue Färbung an. Als wir uns dem
Wendekreise des Krebses näherten, kamen leichte Sommerkleider
zum Vorschein, viele Mitreisende, namentlich Damen, die ich bis
jetzt noch nicht gesehen hatte, erschienen auf dem Verdeck mit
abgehärmten Gesichtszügen und suchten ihre Stühle. Viele
Reisende auf diesen Dampfern pflegen nämlich ihren eigenen

Stuhl mitzunehmen, weil solche außerhalb der Kajüten nicht
vorhanden sind. Die verschiedenen Sorten von Klappstühlen,
Hängestühlen, Schlafstühlen, Ausziehstühlen u. s. w., welche man
auf diesen Schiffen zu sehen bekommt, würden einen Möbelhändler
in Entzücken versetzen. Die wunderbarsten Stühle sind allemal
das Eigentum eines Engländers und kommen aus der Werkstatt
eines Yankees. Jeder reisende John Bull schleppt seinen eigenen
Stuhl von einem Ende der Erde nach dem anderen mit sich.
Wehe dem, der sich unberufen auf einem solchen Privatstuhl
niederläßt. Mit den Worten „if you please, Sir!" wird ihm
bald seine Stuhlarmut klar gemacht, und der rechtmäßige Eigentümer läßt sich auf dem bequemen Sessel nieder, in welchem
jener eben noch mit sinnigen Betrachtungen auf das unendliche
Meer hinausschaute, oder sich in einen Räuberroman vertieft
hatte. Daß die Engländer die seltsamsten Reiseanzüge tragen,
wird jedem, der aus seinen heimischen vier Wänden einmal
herausgekommen ist, nichts Neues sein. Aber praktisch sind
unsere Vettern aus Altengland immer, sei es frühmorgens, wenn
sie in weißen Flanellanzügen mit dem Riesenschwamm in der
Hand ins Bad gehn, sei es bei Tage, wenn sie ihre karierten
Joppen, ihre Pumphosen und Trobbelmützen zur Schau tragen.

Das Verdeck war jetzt stets voll von Reisenden beiderlei
Geschlechts, die entweder spazieren gingen oder Romane lasen,
oder mit Bleigewichten nach dem Strich warfen, und sich in
ähnlichen geistreichen Spielen ergingen. In der Kajüte wurde
das Klavier von den schlechtesten Spielerinnen fast unausgesetzt
gemißhandelt. Mitunter wurde dort, oder nach Dunkelwerden
auf dem oberen Verdeck getanzt. Der funkelnde Sternenhimmel
diente in letzterem Falle zur Beleuchtung, die laue Tropenluft
fächelte die Wangen der Schönen, während die Maschine stampfte
und der Dampfer rastlos weiter eilte. Im Rauchzimmer drehte
sich die Unterhaltung beim Whist und Pokerspiel meistens um

Leprosie, worüber der lustige Schiffsarzt uns gern Aufklärung verschaffte. Mehrere Mitreisende wären gern umgekehrt, als sie von der großen Gefahr des Aussatzes erfuhren, der sie in Honolulu ausgesetzt sein würden, wo diese ekelhafte Krankheit häufig von den Kranken auf die Gesunden durch die Moskitos übertragen wird.

Am sechsten Tage unserer Meerfahrt wurde die Hospital-Abgabe von zwei Dollars von jedem Reisenden eingefordert. Ich erfuhr, daß mich das Bezahlen dieser Abgabe durchaus nicht zu einem freien Unterkommen im Krankenhause in Honolulu berechtigte, daß dieselbe vielmehr ein bequemes Einkommen der hawaiischen Regierung ist, welche damit den Fremden einen Teil der Kosten für den Staatshaushalt auferlegt.

Die See ward jetzt unruhig und Scharen von Möwen umschwebten das Schiff, ein Beweis, daß Land in der Nähe war. Am Vormittage des 14. Dezembers stiegen blaue Wolken, die Berge der Sandwichinseln, aus dem Ocean empor. Bald darauf erhoben sich die beiden 1200 und 644 Fuß hohen grünen Bergkuppen von Koko Head auf der Insel Oahu (Oáchu) *) aus dem Meere und wurden mit Jubel begrüßt. Dann erschien der malerische, langgestreckte alte Kraterwall Diamond Head als überaus prächtige Landmarke des Hafens von Honolulu. Eine lange Berglinie, mit Schluchten, zahlreichen Gipfeln und schwarz-braunen Felszacken, auf welcher in dunklen Wolkenzügen ein doppelter Regenbogen leuchtete, schloß sich daran an, grüne Thäler erstreckten sich vom Gebirge bis aus Meer, am Strande lag ein Kokospalmenhain, die Landschaft war weit und breit mit grünen Bäumen bedeckt, zwischen denen zahlreiche weiße

---

*) Die Insel Oahu, auf welcher Honolulu, die Hauptstadt des hawaiischen Königreichs, liegt, ist ungefähr 150 ☐ Kilometer größer, als die Insel Rügen.

Wohnhäuser hervorlugten; davor breitete sich der blaue Meeresspiegel aus — ein wundervolles Bild!

Die Stadt Honolulu mit dem Punch-Bowl-Berge im
Hintergrunde, die wie in einem großen Park dalag, der von
Schiffen belebte Hafen mit seinen Landungsbrücken und Lager-
häusern, traten jetzt rasch näher heran. Ein von Kanaken ge-
rudertes Boot brachte den Lotsen an Bord. Die braunen Ruderer,
kräftige, muskulöse Gestalten, konnten als tüchtige Seeleute recht
gut den Vergleich mit der Mannschaft der beiden Böte aushalten, welche bald darauf das im Hafen liegende englische
Kriegsschiff Caroline und der V. St. Kriegsdampfer Vandalia
nach der Australia sandten, um die für ihre Schiffe bestimmten
Postsäcke in Empfang zu nehmen. Die Vandalen waren den
Briten sowohl an Aussehen als an Seemannskunst augenscheinlich
überlegen, was die auf das Sternenbanner schwörenden Reisenden
der Australia mit Stolz erfüllte.

Nachdem ein Gesundheitsbeamter die in Reih und Glied
aufmarschierten Reisenden oberflächlich betrachtet hatte, um fest-
zustellen, ob nicht dieser oder jener unter uns mit den schwarzen
Blattern behaftet sei, und dieser Punkt zur Zufriedenheit erledigt
war, hinderte den Dampfer nichts mehr daran, in den Hafen
einzulaufen. Innerhalb des Korallenriffs empfingen uns mehrere
junge Kanaken, die aus einem Boote ins Meer sprangen und
wie die Enten um unser Schiff herum schwammen. Wir warfen
kleine Münzen in das Wasser, welche von den untertauchenden
braunen Gesellen ohne Mühe erhascht wurden. Während die
Männer unter den Reisenden dies zweifelhafte Vergnügen,
ihr Geld fortzuwerfen, bald einstellten, fuhren mehrere englische,
wissenschaftlich veranlagte Damen, die ihre Kenntnisse über den
Körperbau der Kanaken bereichern wollten, noch eine Zeitlang
eifrig damit fort, ihre Nickels in das Meer zu werfen. Im
Hafen lagen die V. St. Kriegsschiffe Vandalia, Inniata und

Mohican und der britische Kriegsdampfer Caroline friedlich
nebeneinander. Bald hatten wir die von Menschen und Fuhrwerken förmlich wimmelnde Landungsbrücke erreicht, an welcher
unser gutes Schiff nach einer Fahrt von 2100 Seemeilen, die
genau sieben Tage gedauert hatte, wohlbehalten anlegte. Die
braunen Zöllner waren außerordentlich zuvorkommend gegen die
Reisenden und erlaubten denselben, den gastlichen Boden des
Königreichs Hawaii zu betreten, ohne zuvor das Handgepäck
einer kritischen Musterung zu unterwerfen. Mich zwischen
blumenbehängten Kanaken und einem wahren Völkergemisch der
Inselbewohner hindurchdrängend, erhaschte ich bald einen der
vielen Einspänner und fuhr schnell durch die Stadt nach dem
Hawaiian Hotel, wo ich ein vortreffliches Unterkommen fand.

Zweites Kapitel.

Allgemeine Notizen über die Sandwichinseln. — Statistisches. — Eine gemischte Bevölkerung. — Das Aussterben der Eingeborenen. — Der Volksstamm der Kanaken. — Schulcensus.

Ehe ich mit der Beschreibung des Königreichs Hawaii beginne und das interessante Leben in jenem entlegenen Tropenlande zu schildern versuche, will ich einige übersichtliche statistische Notizen voranschicken, um dem Leser einen Begriff von der geographischen Lage, der Größe und den Bevölkerungsverhältnissen des Inselreichs zu geben.

Die Sandwichinseln (von den Bewohnern gewöhnlich Hawaiian Kingdom oder kurzweg The Islands, amtlich Hawaii-nei genannt) liegen zwischen 18° 50′ bis 22° 20′ nördl. Breite und zwischen 154° 53′ bis 160° 15′ westl. Länge von Greenwich, auf der Straße der Postdampfer, die von San Francisco nach Australien fahren. Die Entfernung von Honolulu nach San Francisco beträgt 2100, nach Aukland 3810, nach Sydney 4484 Seemeilen. Die Gruppe besteht aus acht größeren und vier kleineren Inseln, welche letztere aber nur als Felsklippen gelten können. Alle Inseln sind vulkanischen Ursprungs. Stellenweiſe liegen Korallenriffe in geringer Entfernung vom Ufer; aber es ſind die Korallenbildungen hier weit beſchränkter, als in den Inſelgruppen ſüdlich vom Äquator. Sieben von den Haupt-inſeln ſind bewohnt (Kahoolawe wurde vor einigen Jahren von ſeinen Bewohnern verlaſſen). Nur die vier größeren Inſeln Hawaii, Maui, Oahu und Kauai haben eine Bedeutung für Handel und Ackerbau; auf den übrigen Inſeln wird faſt nur Viehzucht betrieben. Ungefähr ¹/₂₀ der Oberfläche des Königreichs, die auf 4 Millionen Acker geſchätzt wird, iſt kulturfähig.

Die Sandwichinſeln wurden aller Wahrſcheinlichkeit nach im Jahre 1542 zuerſt von Juan de Gaetano, der den ſpaniſchen General Lopes Villalobos als Schiffsführer begleitete, während einer Reiſe von Neu-Spanien (Chile) nach den Molukken entdeckt und als „Königsinſeln" (las islas del rey) bezeichnet, die 900 Leguas, ungefähr 2000 Seemeilen, von der mexikaniſchen Küſte lägen.

Die Entdeckung ging aber ganz in Vergeſſenheit über, bis Kapitän Cook die Inſeln am 18. Januar 1778 während einer Reiſe durch die Südſee nach Oregon in den Schiffen Reſolute und Discovery zum zweiten Mal entdeckte und Sand-wich Islands taufte. Außer den Nachrichten über die Königs-inſeln deutet noch ſonſt manches darauf hin, daß die Spanier lange vor Cook dieſe Inſeln auf ihren Seefahrten zwiſchen den Philippinen und Panamá beſucht haben. Die Helme, welche die alten Häuptlinge trugen, ſahen genau ſo aus, als wären ſie nach ſpaniſchem Muſter angefertigt worden; manche Waffenſtücke, altes Eiſen (auf den Hawaiiſchen Inſeln kommen gar keine Metalle vor) und andere Gegenſtände ſcheinen ſpaniſchen Urſprungs zu ſein.

Das folgende Verzeichnis giebt die Größe der verſchiedenen Inſeln an, die höchſte Bodenerhebung, welche ſie über dem Meeresſpiegel erreichen, und die Zahl ihrer Bewohner:

	engl. □ Miles	Bevölkerung 27. Dezember 1884	Höchste Bodenerhebung in engl. Fuß	in Meter
Hawaii	4 210	24 991	13 805	4 209
Maui	760	15 970	10 032	3 059
Oahu	600	28 068	4 030	1 229
Kauai	590	8 935	4 800	1 463
Molokai	270		3 500	1 067
Lanai	150	2 614	3 000	915
Niihau	97		800	244
Kahoolawe ...	63		1 450	442
	6 740 *)	80 578		

Die Bevölkerung der Sandwichinseln setzte sich nach dem letzten Census (27. Dezember 1884) nach Nationalitäten folgendermaßen zusammen:

Eingeborene (Kanaken).......................... 40 014
Mischlinge (half cast)........................ 4 218
Chinesen................................. 17 937
Amerikaner............................... 2 066
Kinder, die in Hawaii von Ausländern geboren wurden 2 040
Japaner................................. 116
Norweger................................. 362
Briten.................................. 1 282
Portugiesen (von den Azoren und der Insel Madeira) . 9 377
Deutsche................................. 1 600
Franzosen................................ 192
Andere Weiße 418
Polynesier................................ 956

80 578

*) Justus Perthes giebt den Flächeninhalt des Königreichs Hawaii auf 16 940 □ Kilometer an, — fast so groß wie die Provinz Schleswig-Holstein (ohne Lauenburg). 6740 engl. □ Meilen, die Größenangabe der offiziellen hawaiischen Vermessung, sind = 17 282 qkm. 1 qkm = 0,39 engl. □ Meile (square mile). 1,6093 Kilometer = 1 engl. Statute-Meile (16 Kilometer ungefähr = 10 engl. Meilen). 1 Meter = 3,28 engl. Fuß.

Die Stadt Honolulu hatte am 17. Dezember 1866 eine Bevölkerung von 13 521 Köpfen. Am 27. Dezember 1884 zählte die Stadt 20 487 Einwohner, die sich nach Nationalitäten folgendermaßen verteilen:

Eingeborene (Kanaken) .	9013	Deutsche	433
Mischlinge	2706	Franzosen	126
Chinesen	5225	Norweger	106
Amerikaner	1164	Polynesier	115
Briten	791	Japaner	48
Portugiesen	570	Andere Fremde (Neger u. s. w.) ..	190

zusammen..... 20 487 Einwohner.

Die obigen Zusammenstellungen sind aber, namentlich in Bezug auf die Fremdenbevölkerung, einer stetigen Veränderung unterworfen. Die Zahl der Japaner, von denen es nach dem Census von 1884 nur 116 im hawaiischen Königreiche gab, hat sich z. B. bis 1890 durch Zuwanderung auf ungefähr 8500 Köpfe vermehrt. Die Chinesen und Portugiesen sind auch zahlreicher geworden, während die eingeborene ungemischte Bevölkerung in schnellem Rückgang begriffen ist. Wie rasch die Zahl der letzteren abgenommen hat, wird das folgende Übersichtsverzeichnis veranschaulichen:

Census	Gesamtbevölkerung	Fremde (kaukasischer Abstammung)	Chinesen	Mischlinge	Eingeborene
1823	142 050	—	—	—	142 050
1832	130 313	—	—	—	130 313
1836	108 579	—	—	—	108 579
1853	73 138	2 119	—	—	71 019
1860	69 800	2 816	—	—	66 984
1866	62 959	2 968	1 206	1 660	57 125
1872	56 897	4 247	1 938	2 487	48 225
1878	57 985	4 581	5 916	3 420	44 088
1884	80 578	18 407	17 939	4 218	40 014

Am 30. Juni 1887 schätzte man die Einwohnerzahl der
Sandwichinseln, mit Berücksichtigung der Eingewanderten, Abge-
reisten, Geburten und Todesfälle, die den letzten Census entsprechend abänderten, auf 84574. Im Mai 1890 wurde die
Bevölkerung des Königreichs auf rund 92 000 Seelen angegeben,
davon Eingeborene und Mischlinge zusammen 45 000; Weiße
(unter ihnen 3000 Amerikaner und 1500 Deutsche) 7000;
Portugiesen 12 000; Chinesen 19 000; Japaner 8500; Südsee-
insulaner 500. Die Einwohnerzahl von Honolulu hat sich seit
1885 nur um ein Geringes vermehrt.

Die Hauptursachen der entsetzlichen Abnahme der Bevölkerung
der Kanaken sind Blattern, Masern, Aussatz, sittenloses Leben
der Weiber, Vernachlässigung der Kinder durch die Mütter,
ungezügelte Vergnügungssucht, und namentlich der zerstörende
Einfluß der Civilisation der Weißen auf alle Naturvölker. Die
ersten weißen Ansiedler waren ein außerordentlich wüstes Volk.
Abenteurer, rohe Seeleute, entflohene Sträflinge bildeten die
Mehrzahl derselben. Ihrer lockeren Moral und ihrem schlechten
Beispiel ist es in hohem Maße zuzuschreiben, daß die eingeborene Rasse so schnell ausstirbt. Unter dieser haben außerdem
Epidemien schrecklich aufgeräumt. 1804 starben viele Tausende
an einer auf den Inseln wütenden Pest. In Waikiki (einer
kleinen Ortschaft in der Nähe von Honolulu) wurden an einem
Tage 300 Tote begraben! 1853 starben mehr als 8000 Menschen
an Syphilis und Pocken. 1849 und 1850 rafften die Masern
Tausende hin. Kapitän Cook schätzte die Bevölkerung der
Sandwichinseln auf 400 000; wahrscheinlich zu hoch, weil er
sich durch die vielen Neugierigen, die von allen Inseln herbei-
geeilt waren, um die Schiffe zu sehen, täuschen ließ. Aber alle
alten Seefahrer veranschlagten die Bevölkerung auf Hundert-
tausende, wenn auch bedeutend niedriger als Cook. Heute, nach
hundert Jahren, sind nur noch 40 000 übriggeblieben! Daß

das gänzliche Aussterben der Kanaken nur eine
Frage der Zeit ist, muß jedem einleuchten, der die obigen
Zahlen aufmerksam gelesen hat.

Besonders traurig ist dies, weil der Volksstamm der Kanaken
den meisten Naturvölkern sowohl geistig als körperlich weit
voransteht. Die Bewohner von Tahiti, Tonga und Samoa und
die Maoris auf Neu-Seeland, welche letzteren mit Erfolg ein
Menschenalter lang gegen die Engländer kämpften, gehören zu
derselben Rasse. Die Eingeborenen der Sandwichinseln haben
sich die neuere Kultur — leider auch deren Laster! — mit
Ausnahme einiger nationaler Eigentümlichkeiten, namentlich in
Nahrung und Gewohnheiten, erstaunlich schnell angeeignet. Sie
kleiden sich wie die Weißen. Ihre Kinder schicken sie freiwillig
zur Schule, wo jene die englische Sprache schnell bemeistern;
im Parlament zeichnen sie sich als Redner aus; die Gebildeteren
unter ihnen wissen so gut in der Politik Bescheid wie irgend
ein Yankee; als Seeleute und verwegene Reiter haben sie eine
Berühmtheit erlangt. Sie schwärmen für Musik; ihre Vorliebe
für Blumen hat etwas Kindliches, das außerordentlich angenehm
berührt; sie besitzen einen Schatz von alten Helden- und Götter-
sagen, worauf jedes Volk der Welt stolz sein könnte. Daß ein
solcher Volksstamm nicht die sittliche Kraft besitzt, sich der von
den Weißen erlernten Laster zu erwehren, ist tief zu bedauern.
Schon der Besuch der Schulen beweist, wie viel Tüchtiges in
den Kanaken steckt. Im Jahre 1886 wurden im Königreiche
Hawaii 172 Schulen mit 300 Lehrern von 9016 Schülern
besucht, die sich nach Nationalitäten folgendermaßen verteilen:

Hawaiier	5881	Portugiesen	1185
Mischlinge	1042	Norweger	55
Amerikaner	300	Chinesen	130
Engländer	191	Südsee-Insulaner	24
Deutsche	175	Japaner	33

zufammen 9016 Schüler, und zwar 5060 Knaben und 3956 Mädchen. 44000 Kanaken und Mischlinge sandten also nahezu 7000 Kinder in die Schulen; 20000 Chinesen nur 130 Kinder! — Der Census-Superintendent macht dazu die Bemerkung, daß volle 80% der eingeborenen hawaiischen Bevölkerung (d. h. solche, die das 6. Lebensjahr überschritten haben) Schulbildung genossen haben. ⅔ der Schüler werden nur in der englischen Sprache unterrichtet, ⅓ in Hawaiisch; der englische Unterricht ist in rascher Zunahme begriffen. Die für höhere Lehrzweige einge-richteten „Colleges" stehen fast alle unter der Leitung geistlicher Lehrer, namentlich katholischer Priester. Diese vorzüglichen Lehr-anstalten würden auch in alten Kulturländern ein hohes Ansehen genießen.

Drittes Kapitel.

Ein Königreich mit zwei Gasthäusern. — Das Hawaiian Hotel. — Erste
Eindrücke in Honolulu. — Der Gegenseitigkeitsvertrag und seine Folgen. —
Amerikanischer Einfluß und Gepflogenheiten. — Ein Paradies für Droschken-
kutscher. — Straßenverkehr und Völkergemisch. — Léis-Kränze. — „Aloha!" —
John Chinaman. — Das Musikchor des Herrn Berger. — Konzert in Queen
Emma's Square. — Kanaka-Reiterinnen.

Der Fremde, welcher eine Vergnügungsreise nach den
Sandwichinseln unternommen hat, findet im Bereiche der Inseln
nur zwei gute Gasthäuser, das allen vernünftigen Ansprüchen
genügende Volcano-House auf der Insel Hawaii und das
vorzügliche Hawaiian-Hotel in Honolulu. Wer sich längere
Zeit in dieser Stadt aufhält, wird sich vielleicht ein möbliertes
Zimmer mieten, ist aber alsdann auf die Restaurants angewiesen,
die von zweifelhafter Güte sind. Die kleineren Kosthäuser sind
nicht zu empfehlen. Will ein Reisender die Zuckerpflanzungen
besuchen, oder Ausflüge nach den verschiedenen Inseln unternehmen, so ist er ausschließlich auf die Gastfreundschaft der
Pflanzer angewiesen. Gasthäuser giebt es dort nicht. Die
chinesischen Kosthäuser und Herbergen in einigen kleineren Plätzen
verdienen nicht den Namen Gasthäuser und sind für einen
civilisierten Menschen abscheulich. Es soll nun allerdings den
von aller Welt abgeschlossen lebenden Pflanzern der Besuch eines

gebildeten Europäers oder Amerikaners in früheren Jahren meistens recht angenehm gewesen sein. Die Gastfreundschaft der Pflanzer wurde aber nicht selten so mißbraucht, daß ein Fremden-besuch ihnen heutzutage nur in Ausnahmefällen erwünscht ist. Seit von den sehr schreiblustigen Fremden, welche mit äußerster Gastfreundschaft aufgenommen wurden, insbesondere von Amerikanern, oft die entstellendsten Berichte über Hawaii in den Zeitungen veröffentlicht werden, sehn sowohl die Bürger Honolulus als die Pflanzer sich den hereingeschneiten Ausländer, der vielleicht Reisebriefe für ein Wochenblatt in Hangtown in Californien oder für eine Zeitung in Pike County in Missouri liefert, erst etwas genauer an, ehe sie ihn in ihre Familienkreise einführen, oder ihm ihre Gastfreundschaft anbieten. Scheint seine Bekanntschaft wünschenswert zu sein, so kann er sich auch heute noch gewiß nicht über einen kalten Empfang beklagen.

Das nach amerikanischem Vorbild eingerichtete und geleitete Hawaiian Hotel, ein ansehnliches von zwei übereinander liegenden breiten Verandas umgebenes Gebäude aus „Concrete" (durch Cement verkittete zerschlagene Lava- und Korallensteine), ist das Hauptquartier aller Fremden, welche Honolulu besuchen. Da die Unsitte der Trinkgelder noch nicht nach Hawaii gedrungen ist, so kann man den Preis von drei Dollars den Tag für Wohnung und Beköstigung nebst freien Bädern in diesem vor-züglichen Gasthof nicht hoch nennen. Bei Tisch werden meistens californische Weine getrunken. In der Vorhalle hängen große blutrote Vulkanbilder, Landkarten der Inseln, Photographien hawaiischer Naturschönheiten u. s. w. Die Landkarten werden oft von Reisenden beschaut, die ihre geographischen Kenntnisse bereichern wollen, während die blutigen Vulkanbilder an Dantes Hölle erinnern. Im untern Raum des Gasthauses befinden sich kleine Spielzimmer, ein großer Billardsaal und ein prächtiger, ganz nach amerikanischem Muster eingerichteter Trinkstand (bar).

2*

Zu jeder Stunde des Tages und bis spät in die Nacht hinein findet man dort durstige Seelen und eifrige Spieler, welche sich bemühen, die Zeit auf anständige Weise tot zu schlagen. Abends ist in jenen Räumen oft ein dichtes Gedränge. Da man hier, wie allerwärts auf den Inseln, wo die gerichtliche Erlaubnis für den Ausschank (license) 1000 Dollars das Jahr beträgt, nicht für weniger als ¼ Dollar seinen Durst zu löschen vermag, (selbst ein kleines Glas Bier macht keine Ausnahme!) so regnet es an der „Bar", die eine förmliche Silbermine ist, von größeren Silbermünzen — hawaiisches oder amerikanisches Geld. Kein Gentleman wird so knauserig sein, wenn er sich in dem riesigen, von vergoldetem Schnitzwerk und Säulen überreich ein- gefaßten Spiegel betrachtet, ohne Mittrinker ein Labsal hinter die Binde zu gießen. Das unter den Inselbewohnern arg ein- gerissene Traktieren würde jeder californischen Minenstadt zur Ehre gereichen.

Die Aussicht von einer der vorderen Verandas des Gast- hauses ist außerordentlich malerisch. Tamarinden, Pfefferbäume, Bananen, Palmen und Mangos, eine große mit Schoten behängte Algeroba (Johannisbrotbaum) und fremdartiges Strauchwerk bilden ganz in der Nähe einen reizenden Park, aus welchem munteres Vogelgezwitscher erschallt. Daneben befindet sich ein vielbesuchter Rasenplatz für Lawn-Tennis-Spieler. Jenseits des Gartens liegt eine hohe, weißgetünchte Steinmauer, die den Raum einschließt, auf welchem der Königspalast steht. Eine Anzahl niedlicher Häuschen, die zum Gasthof gehören, liegen in der Nähe desselben. Von den Verandas an der Rückseite des Gebäudes gewahrt man in nicht weiter Entfernung die nackten, steilen Abhänge des alten Punch-Bowl-Kraters, hinter demselben eine meistens mit Wolken bedeckte und oft mit einem Regenbogen geschmückte vielgipflige Bergkette, den 2013 Fuß hohen Tantalus (Pun Chia) und den 2447 Fuß hohen Olympus oberhalb des

Manoathales. Im Vordergrunde des Bildes prangt ein reicher tropischer Pflanzenwuchs. Herrlich ist die Rundschau aus einem oben auf dem Gebäude stehenden kleinen Glashause (cupola). Zu Füßen liegt die Stadt, wie in einem Park, und ringsum breiten sich das Gebirge, malerische grüne Triften und Thäler, Landsitze, der Hafen und das blaue Meer aus.

Auf einer der breiten Verandas zur Zeit der Passatwinde in einem bequemen Schaukelstuhl zu sitzen, den blauen Rauch einer echten Habana emporzuringeln, sich von den weichen Lüften fächeln zu lassen, in die fremdartige Umgebung hinauszuschauen und die Insassen der jeden Augenblick anlangenden oder abfahrenden hübschen Einspänner zu mustern, ist ein beneidenswerter Zeitvertreib. Und wenn bei allen diesen Genüssen noch die Tonflut des trefflichen hawaiischen Orchesters von Queen Emma's Square herüberschallt, wenn vielleicht des Abends eine Tanzgesellschaft sich im Gasthause versammelt hat, die vielen großen bunten Papierlaternen reihenweise an den Verandas hängen, die elektrischen Glühlampen an den Säulen und zwischen dem Laub der Bäume und in den bunten und roten Blättern der Sträucher im tropischen Park glänzen, wenn Honolulus bräunliche und weiße Schönen — wahre junonische Gestalten! — in leichten hellen Gewändern und geschmückt mit den prächtigsten Rosen, sich einstellen, das braune niedere Volk, auf den Kieswegen dicht geschart, der Freude zuschaut, der König selber in bürgerlicher Kleidung erscheint, die Fremden sich vorstellen läßt und mit ihnen plaudert, so befindet man sich dort wie in einer neuen Welt.

Honolulu ist während der Tageszeit ein sehr lebendiger Ort. Der Verkehr beginnt aber erst nach neun Uhr morgens, da die Kaufleute hier selten zu einer früheren Stunde ihre Geschäftshäuser und Läden öffnen. Die Hauptstraßen sind den Tag über voll von Fuhrwerken und Menschen. Nach Dunkelwerden dagegen wähnt man bei der schlechten Straßenbeleuchtung, namentlich in den Seitengassen, wo die Häuser sehr zerstreut stehn, sich in einer weitläufig gebauten Vorstadt zu befinden. Sonntags herrscht in Honolulu die Stille des Kirchhofs. Die vielen Schänken und alle Geschäftshäuser sind geschlossen; nur die Kirchen erfreuen sich eines lebhaften Besuchs. Die „Bar" im Hawaiian Hotel ist am Tage des Herrn nur durch ein niedriges viereckiges Loch vom Keller aus zu erreichen, da die dorthin führenden Thüren sonntags alle verriegelt sind. Die Geschäftsstraßen und viele Nebenstraßen in der inneren Stadt sind schmal und auch nicht immer nach dem Lineal ausgelegt. Die neuen, außerhalb des Geschäftsteils liegenden Straßen, an denen die Wohnhäuser stehn, sind dagegen breit und gerade. Es befinden sich in der Stadt große Lagerhäuser und Kaufläden, eine Eisengießerei, mehrere Maschinenwerkstätten, Holzhöfe, zwei Banken, zahlreiche Kirchen und Schulen und stattliche Regierungsgebäude.

Die Bauart der Häuser an den Geschäftsstraßen ist ganz amerikanisch. Die vornehmeren Wohnhäuser sind im Villenstil erbaut, und fast alle aus Holz. Beim Bau der Geschäftshäuser, Kirchen und öffentlichen Gebäude haben Ziegel, Korallen- und Lavasteine vielfach Verwendung gefunden. Das Holz wird vom Puget Sund und aus Oregon und Californien eingeführt, die Ziegel werden in San Francisco angefertigt, weil es auf den Sandwichinseln keinen dafür passenden Lehmboden giebt. Die alten Grashütten der Eingeborenen sieht man heute nur noch in entlegenen Plätzen auf dem Lande. Sie werden auch von dort durch die billig herzustellenden Holzhäuser schnell verdrängt.

Durch den Zollvertrag zwischen den Vereinigten Staaten und dem Königreiche Hawaii sind die Handelsbeziehungen des letzteren Reiches zu Amerika derartige geworden, daß man die Sandwichinseln heute fast eine amerikanische Kolonie nennen

kann. Aber jener Gegenseitigkeitsvertrag (reciprocity
treaty), der 1876 geschlossen wurde, hat Hawaii weitaus den
größten Vorteil gebracht. Man hat berechnet, daß dieses bis
zum Jahre 1888 allein an Zoll für Rohprodukte 22 Millionen
Dollars gespart hat. Dagegen erwarben die Vereinigten Staaten,
und zwar vorwiegend San Francisco, den Löwenanteil am Ein-
fuhrgeschäft. Fast die Hälfte aller Manufakturwaren, Kleidungs-
stücke u. s. w. und Massen von californischen Lebensmitteln
werden von dort bezogen.*) Auf den Sandwichinseln zeigt sich
infolge der günstigen Handelslage ein großartiger Aufschwung.
Eisenbahnen, Telegraphen, Telephone, gute Straßen, Wasserwerke, neue Bauten, elektrische Beleuchtung u. s. w. werden in
Menge angelegt. Die Schiffahrt hat sich fast verdoppelt.**)

Als Ersatz für die dem Königreiche Hawaii gleichsam ge-
schenkten Millionen ist der Einfluß der Vereinigten Staaten
dort fast maßgebend geworden. Überall stehn die Amerikaner
voran. In Regierungsangelegenheiten, im Handel, im bürgerlichen Verkehr u. s. w. geben sie den Ton an. In Honolulu
zeigt sich dies ganz auffallend, und es ist dort fast alles nach
californischem Vorbild zugeschnitten. Das Silbergeld ist amerikanisches oder gleichwertiges hawaiisches, das in San Francisco

---

*) Im Jahre 1876 betrug die Einfuhr des Königreichs Hawaii 1 811 770 —
die Ausfuhr 2 241 041 Dollars; 1888 belief sich die Einfuhr auf 4 540 887
Dollars, wovon 8 454 000 Dollars auf die Vereinigten Staaten fallen, die Ausfuhr auf 11 903 398 Dollars, davon Zucker 10 818 000 Dollars. 99⁰/₀ von der
Ausfuhr erhalten die Vereinigten Staaten, und 76⁰/₀ von der Einfuhr werden
von dort bezogen.

**) 1877 vermittelten 181 Schiffe mit 120 907 Tons den Handels- und
Personenverkehr des Königreichs Hawaii mit dem Auslande; 1886 waren es
302 Schiffe mit 219 688 Tons — darunter 220 amerikanische, 29 hawaiische,
33 britische, 8 deutsche und 7 anderer Nationalität.

genau nach dem Münzfuß der Vereinigten Staaten geprägt wurde. Man rechnet wie in Californien nach „Bit" (= 12½ Cents). Für die Weißen ist ein 2 Bit-Stück (¼ Dollar — ungefähr 1 Mark) eigentlich die kleinste gangbare Münze. Unter den Kanaken dagegen bilden 10 Cents Silberstücke (Dimes) und 5 Cents Nickels das übliche Kleingeld. Die Goldmünzen sind ausschließlich amerikanische; „Greenbacks" (Papiergeld der Vereinigten Staaten) haben in Honolulu Goldwert wie in Amerika.

Die Freimaurer und Odd Fellows besitzen in Honolulu ihre Logen, es giebt dort eine ansehnliche freie Bibliothek mit Lesezimmer, wo die besten englischen und amerikanischen Zeitungen und Monatsschriften ausliegen, sogar ein Gebäude der young men's Christian Association befindet sich in der Stadt, geradeso wie in San Francisco oder in einem größeren californischen Platze. Die Umgangsformen sind ganz californisch. Trotz des Völkergemisches in den Straßen und trotz der vielen neuen Eindrücke fühlt sich ein Californier in Honolulu schnell heimisch, zumal auch die englische Sprache dort im Verkehr fast ausschließlich gebraucht wird.

Auffällig sind die vielen Einspänner (cabs), welche die Straßen beleben und die jeden Augenblick vorüberfahren. Die Zahl dieser Droschken beträgt gegen 300 — eine größere Anzahl derartiger Fuhrwerke, als ich je in einem Platze von der Größe von Honolulu irgendwo in der Welt gesehen habe. Die Droschken werden sehr viel benutzt, weil das Gehen wegen der feuchtwarmen Luft hier außerordentlich schnell ermüdet. Nur wenige werden sich besinnen, vom Hafen nach dem Hawaiian Hotel zu fahren, statt den Weg zu Fuß zu machen, eine Entfernung, die man bequem in sieben bis acht Minuten zurücklegt. Selten sieht man in Honolulu jemand schnell gehen, und kommt es mitunter vor, so ist der rüstige Wanderer gewiß ein Fremder, der erst kurze Zeit in der Stadt war.

Das Fahren in den Droschken verursacht eine nicht unbe-
deutende Ausgabe. Eine kleine Entfernung kostet allerdings nur
10 Cents, aber es bezahlt selten jemand weniger als ¼ Dollar
an den Kutscher. Nach 11 Uhr des Nachts soll doppeltes Fahrgeld berechnet werden, was aber meistens schon um 10 Uhr geschieht.
Dabei herrscht die für den Kutscher außerordentlich nette Einrichtung, daß zwei Personen, die in demselben Wagen sitzen,
doppelte, drei Personen dreifache Taxe u. s. s. bezahlen müssen.
Mache ich eine Spazierfahrt allein, so kostet es z. B. einen
Dollar, lade ich einen Freund ein, mitzufahren, so kostet mich
das Vergnügen zwei Dollars. Wer einen Besuch macht und
spät nach Hause fährt, den kostet das Hin- und Herfahren so
viel, als ginge er in New York oder in San Francisco in die
Oper. Ich will noch erwähnen, daß ein Droschkenkutscher in
Honolulu durchschnittlich 8 Dollars, mitunter sogar bis 20 Dollars
den Tag einnimmt, und daß diese Rosselenker wohl die
am besten gestellten Kutscher in der Welt sind. Mein Leib-
kutscher, ein rothaariger Irländer, mit dem ich sehr vertraut
wurde, erzählte mir, daß er mit Leichtigkeit 100 Dollars den
Monat, nach Abzug aller Unkosten und aller Ausgaben für
seinen Lebensunterhalt, erübrige. *)

Das Getriebe in den Straßen, besonders am Hafen, am
Fischmarkt und dort, wo sich größere Volksmengen zusammen-
finden, ist außerordentlich mannigfaltig. Die verschiedenen
Volksarten der Inselbewohner treten sofort ins Auge. Alle
möglichen Hautschattierungen, von weiß bis zur Schwärze des

---

*) Durch eine Pferdebahn, mit deren Bau in Honolulu im Mai 1888
begonnen wurde, wird der Straßenverkehr eine große Umwandlung erleiden,
und es werden die guten Tage für die Droschkenkutscher dort wohl bald vorüber
sein. Für elektrische Straßenbeleuchtung war zur Zeit meiner Abreise bereits
alles vorbereitet.

Ebenholzes sind dort vertreten; Kanaken, Chinesen und Weiße bilden die überwiegende Mehrzahl. Die Kanaken, namentlich die Weiber (Wahinis) unter ihnen, lieben es, sich mit Blumenkränzen und mit Laubgewinden zu behängen, was namentlich beim Abschied vor einer Reise geschieht. Aber auch in den Straßen Honolulus sieht man oft Kanaken, die mit Blumen geschmückt sind. Kränze, in denen weiße und rote Rosen miteinander abwechseln, große Gewinde aus Farnblättern und Epheu, andere Kränze, worin rote, scharlachene, dunkelblaue und strohgelbe wilde Blumen in das grüne Laub geflochten sind, Léis genannt, hängen sich die Frauen gern um Hals und Brust, oder sie tragen Halsschnüre aus kleinen roten und braunen oder aus größeren gelben Beeren. Die Männer schmücken oft ihren Hutrand mit breiten Muschelbändern, worin kleine weiße und braune Muscheln geschickt aneinander gereiht sind, und knüpfen baumwollene rote Bandana-Taschentücher lose um den Hals. Südfrüchte der mannigfachsten Art werden auf offener Straße auf großen Verkaufstischen feilgeboten; in den Schaufenstern gewahrt man allerlei hawaiische Seltenheiten. Die an den Straßenecken stehenden Polizisten sind fast ausschließlich Kanaken.[*]) Die stattlichen, in dunkelblaue Röcke, weiße Beinkleider und weiße Mützen gekleideten Männer sind die Liebenswürdigkeit selber und grüßen die Fremden oft recht vertraulich. Die Polizeimannschaft, welche den Frieden auf den Inseln aufrecht erhält, ist ungefähr hundert Köpfe stark. „Aloha!" (Alóha), oder „Aloha, nui, loa!" (d. h. ich grüße dich — groß — sehr), den hawaiischen Nationalgruß, vernimmt man oft. Dieselben Worte sieht man häufig auf den Deckeln der Albums, auf Bildern, Fächern, Briefpapier

---

[*]) Seit der letzten großen Revolution, die vornehmlich von fünf Deutschen niedergeschlagen wurde, sind viele Ausländer, namentlich Deutsche, bei der Polizeimannschaft angestellt worden.

u. f. w., sowie auch in den Wohnungen über der Thür und in den Zimmern in Zusammenstellungen von Moos und Blumen, und sonst noch an vielen anderen Orten. Das Wort Aloha — eigentlich der Frieden — hat eine sehr vielseitige Bedeutung, z. B.: guten Tag, ich danke, ich küsse dich, Liebe, Zueignung, Gruß, Freundschaft und alles was süß ist u. f. w.

Die Kanakafrauen tragen meistens lose Gewänder aus billigem Baumwollenstoff, Holoku genannt, (nach Art der in Amerika bekannten Mutter-Hubbard-Kleider) und sehen, mit Ausnahme der Blumen- und Ephenkränze, durchaus nicht malerisch aus. Hellfarbige Gewänder tragen sie am liebsten, obgleich auch schwarze Kleider bei ihnen keine Seltenheit sind. Das rabenschwarze Haupthaar lassen sie in der Regel frei im Nacken herabfallen. Ihre breiten, sinnlichen Gesichter können auf Schönheit keinen Anspruch machen. Geistig aufgeweckter als die Frauen sehen die meistens bartlosen Männer aus, die auch körperlich kräftig ent- wickelt sind. Stattlichere Männergestalten als die Kanaken (das Wort Kanake bedeutet ein Mensch), kann kein Volk der Welt aufzeigen.

Fast so häufig als die Kanaken sieht man in den Straßen Honolulus den arbeitsamen John Chinaman in seiner Na- tionaltracht, der die Eingeborenen längst wirtschaftlich überflügelt hat, und der sich auch hier von den Weißen, wie überall wo er mit ihnen zusammentrifft, nicht mehr zurückdrängen läßt. Im Königreiche Hawaii haben sich die bezopften Asiaten ganz ein- gebürgert; ungefähr jeder dritte Mensch in Honolulu ist ein Chinese. Auf den Pflanzungen haben sie sich als Arbeiter bei- nahe unentbehrlich gemacht, in der Stadt sind sie in fast allen Geschäften vertreten. Chinesische Läden, in denen alles Mögliche feil geboten wird, findet man in jeder Hauptstraße. Es giebt in Honolulu chinesische Möbel- und Teppichhändler, Uhrmacher, Handwerker aller Art u. f. w. Das Waschgeschäft ist selbstverständlich ganz in ihren Händen. Im Hawaiian Hotel sind sämtliche Aufwärter und Köche Chinesen; sogar in der „Office" hat ein Zopfträger die Oberleitung. In der „Chinesenstadt", dem eigentlichen Mongolenquartier, das einen ansehnlichen Stadtteil bildet, sieht es merkwürdigerweise ziemlich reinlich aus. Die Ursache davon ist der Umstand, daß jenes Stadtviertel vor einigen Jahren (18. April 1886) fast ganz niederbrannte, und weil dort alles seit dem Wiederaufbau noch ziemlich neu ist. Auch sind die Straßen dort breiter, als z. B. in der Chinesenstadt in San Francisco, so daß sich der Schmutz nicht in ihnen anzusammeln vermag. Sonst ist die Chinesenstadt in Honolulu ein genaues Ebenbild von der in San Francisco.

Eine sehr angenehme Unterhaltung gewähren in Honolulu die Konzerte der auch auswärts durch ihren Besuch in San Francisco berühmt gewordenen Royal Hawaiian Band, die jeden Sonnabend Nachmittag und sonst bei festlichen Gelegenheiten in Queen Emma's Square stattfinden. Alle Klassen der Bevölkerung finden sich dort zusammen, mit Ausnahme der Mongolen, denen die Musik der Weißen und ihrer Zöglinge, der Kanaken, ein Greuel ist. In dem kleinen, mit tropischen Bäumen bewachsenen Park sitzen Männer und Frauen aller Hautschattierungen friedlich auf den Bänken neben einander, oder spazieren dort auf und ab. Braune, schwarze und weiße Kinder jagen sich auf den Rasenplätzen und zwischen den Bäumen hin und her. Draußen vor der Einfriedigung halten die Privatfuhrwerke der wohlhabenderen Weißen. Damen und Herren der feinen Welt sitzen dort stundenlang auf den weichen Polstern in ihren Wagen und lauschen den Klängen des Orchesters. Einspänner, mit Fremden darin, rollen schnell vorbei, Reiter und Reiterinnen jagen, oft im wilden Galopp, die Straße entlang. Die Kanakafrauen sitzen nach Art der Männer hoch zu Roß. Um den Gürtel haben sie eine breite rote oder gelbe Schärpe gewunden, das lange bunte Gewand hängt rechts und links fast bis auf die Hufe der Pferde herab und weht beim schnellen Ritt wie eine Doppelfahne, die über den Schweif des Rosses hinausreicht, malerisch hinterher. Kunstreiterinnen ähnlich sitzen diese braunen Frauen und Mädchen, mit fliegendem schwarzen Haupthaar, wie aus Erz gegossen fest im Sattel auf ihren wilden Rennern.

Inmitten des kleinen Stadtparks spielt in einem offenen Pavillon das Musikchor von 33 weiß gekleideten Kanaken, welche der Berliner Kapellmeister Herr Berger vortrefflich eingeschult hat. Es ertönen deutsche, amerikanische und andere Musikstücke; mitunter erklingen in Solo und Chor hawaiische, deutsche oder amerikanische Nationallieder. „Die Wacht am Rhein", dort unter Palmen ertönend, machte auf mich einen eigentümlichen Eindruck. Prasselt dann ganz unerwartet einer von den in Honolulu im Winter sich nicht selten plötzlich einstellenden tropischen Regenschauern durch das Grün, so löst sich die Zuhörergesellschaft hastig auf, und Herr Berger ist gezwungen die in den Tagesblättern angezeigten Musikstücke ohne ein bewunderndes Publikum zu Ende spielen zu lassen.

Viertes Kapitel.

Der Palast des Königs. — Das Regierungsgebäude. — Ein hawaiisches
Museum. — Die Wohnungen der Reichen. — Der Tropenschmuck Honolulus.
— Das Hospital der Königin. — Nach Waikiki. — Diamond Head und ein
Kokospalmenhain. — Die Villa am Meere. — Die Badeanstalt. — Schwim-
mende Kanaken. — Die Goldfischteiche. — Eine hawaiische Kinderschule und
ein Chinesenladen.

Unter den Gebäuden Honolulus fällt der Palast des
Königs (Iolani Palace — gewöhnlich kurzweg The Palace
genannt) sofort ins Auge. Derselbe steht inmitten eines von
einer hohen Steinmauer ringsum eingeschlossenen geräumigen
Platzes, der mit tropischen Gewächsen und hübschen Gartenanlagen geschmückt ist. Das große zweistöckige Gebäude, mit
der langen Doppelreihe von hohen Fenstern und der breiten
Freitreppe, sieht vornehm aus. Der Bau desselben hat eine
halbe Million Dollars gekostet. Die prächtigen Säle und
Gemächer und die weite Vorhalle würden jedem Fürstenpalaste
der alten Welt zur Zierde gereichen. Der Palast Iolani wird
elektrisch beleuchtet. An den Eingangspforten zum Palasthofe
spazieren die mit preußischen Gewehren bewaffneten kaffeebraunen
Posten, die Waffenröcke und weiße mit Messing beschlagene
Tuchhelme tragen, selbstbewußt auf und ab. Die stolzen Krieger
sind die Vertreter des aus 75 Mann und einigen Dutzend
Lieutenants, Hauptleuten und Generälen bestehenden Heeres des
großen Kalakaua.

Das dem Palaste gegenüber liegende Regierungs-gebäude (government building) ist wie jener ein stattlicher Steinbau. Im Erdgeschoß tagt das aus Weißen und Kanaken zusammengesetzte hawaiische Parlament. Komisch wirkt es, an den Thüren im Regierungsgebäude dieses Duodezstaats in goldenen Lettern die Worte Department of the Interior -- Department of finance — Department of Attorney General u. s. w. zu lesen. Im oberen Stockwerk befindet sich ein ansehnliches Museum, worin allerlei geschichtliche Erinnerungen: Altertümer, Kriegs-werkzeuge, Ruderböte u. dergl. m., Aufnahme gefunden haben. Interessant sind die Zeichen königlicher Macht und Würde, darunter ein aus goldgelben und blendend roten Federn ver-fertigter Helm, ein Seitenstück zu dem im Palast aufbewahrten, ganz aus goldgelben Federn angefertigten berühmten Krönungs-mantel (Mano). Jeder von den zu Tausenden getöteten schwarzen Ziwi-Vögeln (moho nobilis), die schwer im Gebirge zu fangen und jetzt fast ausgerottet sind, konnte für diese Prachtstücke nur zwei kleine kaum einen Zoll lange goldgelbe Federbüschel liefern, die der Vogel an den Seiten der Brust trägt; die blendend roten Federn wurden von einem kleineren Vogel (drepanis coccinea) gewonnen. Während der Regierungszeit von neun Königen wurde stetig an jenem Mano gearbeitet, der wie ein goldener Mantel aussieht und erst unter Kamehameha IV. (Kaméchamécha) fertig wurde. Der Mantel hat eine Länge von 4 Fuß und ist auseinandergefaltet unten 11½ Fuß breit. Die Federn, welche glatt über- und aneinander liegen, wurden auf ein feines Netzwerk kunstvoll befestigt.

Im Museum befinden sich ferner plastische Landkarten der Inseln und Vulkane, Mineralien, Korallen, Muscheln, Lavastücke und mancherlei Seltenheiten. Unter den letzteren hat auch das Kriegshorn Kamehamehas des Großen einen Platz gefunden, welches der Sage nach von Oahu bis nach Hawaii, eine Entfernung von 150 engl. Meilen (241 km), deutlich zu vernehmen war. Auf dem freien Platze vor dem Regierungsgebäude steht die Kolossalbildsäule Kamehamehas I., des großen Eroberers und Gründers des Königreichs Hawaii, der 37 Jahre (1782 bis 1819) regierte. Die riesige fast schwarze Figur, die einen Speer in der Faust hält und nur mit einem vergoldeten Schurz, Mantel und Helm, eine vorzügliche Nachahmung der vorhin erwähnten goldgelben Vogelfedern, bekleidet ist, wurde in Mailand angefertigt.

Die Wohnungen der wohlhabenderen Bürger Honolulus liegen an den sich mehrere englische Meilen weit vom Mittelpunkte der Stadt, teils am Meere entlang, teils ins Land hinaus erstreckenden Straßen. Fast jedes dieser Landhäuser, unter denen sich prächtige Bauten befinden, ist von Palmen und anderen tropischen Bäumen umgeben. Man sieht zahlreiche Tamarinden-, Pfeffer- und Mangobäume, Bananen, Eukalypten und Algerobas. Die Schoten, welche an den Zweigen der Algerobas hängen, dienen als Futter für Pferde; auch liefern jene großen Bäume ein vortreffliches Brennholz. Die schönsten Tropenbäume sind unstreitig die in Honolulu in Menge wachsenden Königspalmen. Nie wird man müde, die hohen und schlanken, gleichsam künstlich gedrechselten lichten Stämme mit dem keulenartigen Unterbau, dem hellgrünen Aufsatz und den prächtigen Wipfeln zu betrachten. Besonders schön ist auch der unter dem Namen Pride of India (Melia Azedarach) hier eingebürgerte, aus den Tropen der alten Welt stammende Baum, der eine breite Krone von dunkelgrünen glänzenden Blättern trägt, die sich im Frühling mit rötlich-violetten, dem Flieder ähnlichen Blüten dicht bedeckt, sowie der aus Westindien eingeführte Baum Ponciana Regia, der strahlende orangenfarbene Blüten mit langen Staubfäden trägt. Bedenkt man, daß im Jahre 1820 kaum ein Baum an der Stelle wuchs, wo jetzt

Honolulu steht, und daß es damals dort nur kleine Anpflanzungen von Taro gab, so ist die Menge der prächtigen Bäume, welche jetzt die Stadt schmücken, um so mehr bemerkenswert.

In den Gärten blühen Rosen von wunderbarer Größe und Farbenpracht. Es fehlt aber diesen hawaiischen Lieblingstöchtern der Flora der herrliche Duft der californischen Rosen. Heliotrope, Nelken, Jasmine, Reseda, Passionsblumen, Oleander, Fuchsien, Geranien u. s. w. bilden einen reizenden Schmuck jener Gärten. Allerliebste Landhäuser, mit breiten Verandas, sind nicht selten von schimmernden Blumen und von Epheu dicht überrankt. Die geräumigen, hohen Gemächer der vornehmeren Villen sind mit kostbaren Möbeln, Gemälden, Bildsäulen, Teppichen, Nippsachen, Blumen, tropischen Topfpflanzen u. s. w. ausgestattet, und fast in jedem Prunkzimmer eines dieser Häuser hängt ein mit blut- roten Farben gemaltes Bild des Lavasees.

Honolulu liegt wie in einem großen tropischen Garten, der im herrlichsten Grün prangt. Trotz der häufigen Regenschauer müssen aber alle Gärten regelmäßig bewässert werden. Bleibt der Regen im Sommer längere Zeit aus, so trocknet der Boden außerordentlich schnell, und dichte Staubwolken erfüllen dann die Luft. Ohne künstliche Bewässerung wäre den Pflanzen hier im Sommer nur ein kümmerliches Dasein beschieden, und es würden die prächtigen hellgrünen Rasenplätze aus weichem Bermuda- Gras (maniania) bald ganz verdorren. Unter den Bäumen müssen die Königspalmen am meisten bewässert werden. Auch während meines Aufenthalts in Honolulu im Dezember und Januar sah ich fast täglich, trotz der häufigen Regengüsse, die an langen Gummischläuchen befestigten Drehbrausen in voller Thätigkeit, geradeso als befände ich mich in Californien. Die schönsten Alleen von Dattel- und Königspalmen gewahrt man in den Anlagen beim Hospital der Königin. Die Dattel- palmen, welche am Wege nach dem Krankenhause in einer langen Doppelreihe stehn, haben ihre buschigen Blätterkronen zu einem schattigen Gang verbunden, der außerordentlich malerisch aussieht. Das Hospital, welches zahlreichen Kranken, fremden sowohl als einheimischen, Aufnahme gewährt, befindet sich in vorzüglichem Zustand. Die reinlichen Zimmer mit den vor ihnen liegenden luftigen Verandas, die milde Luft und die tropische Umgebung dieser Heilanstalt sind für die Kranken gewiß die beste Arzenei.

Der beliebteste Erholungsplatz in der Nähe von Honolulu ist die nur eine Wegstunde östlich von der Stadt in einer überaus malerischen Gegend nahe am Meeresufer liegende Ansiedelung Waikiki. Für das billige Fahrgeld von 25 Cents kann man zu verschiedenen Tagesstunden in einem Omnibus auf einer vortrefflichen Landstraße dorthin gelangen, falls man es nicht vorzieht, in einer Droschke für den sechs- und zehnfachen Preis hinauszukutschieren. Oft wurden in Honolulu meine Ohren durch das barbarische Getute des Waikiki-Kutschers beleidigt, der sein Horn blies, während er in den Straßen auf- und abfuhr und Reiselustige zur Omnibusfahrt einlud. An manchem sonnenhellen Morgen fuhr ich dort hinaus. Hübsche Landhäuser, tropische Gärten und Parkanlagen, ausgedehnte Bananenfelder erfreuten unterwegs das Auge mit anmutigen, stets wechselnden Bildern.

Die Lage von Waikiki ist hochromantisch. Namentlich ist es der in der Nähe liegende längst ausgebrannte Krater Diamond Head (Leahi), der das Auge durch seine schöne Form entzückt. Der Berg führt den Namen Diamond Head, weil man in früherer Zeit glaubte, es könnten dort Edelsteine gefunden werden. Eine Länge von zwei engl. Meilen (3⅕ km) und eine Breite von einer engl. Meile hat der langgestreckte steil abfallende Kraterberg, der im Innern 400 bis 500 Fuß tief ausgehöhlt ist. Sein höchster Punkt (762') liegt an der dem Meere zugewendeten schmäleren Südseite. Die malerische Gestaltung dieses Berges, dessen Abhänge vielfach von Regenrillen durchfurcht sind, seine Lage und seine Umgebung sind ganz einzig in ihrer Art. Im Vorbergrunde liegt ein ansehnlicher Hain von zerstreut wachsenden Kokospalmen, deren schlanke Stämme teils senkrecht, teils in schräger Lage bis zu einer Höhe von hundert Fuß emporstreben. Die Kanaken, welche die dicht unter der Blätterkrone hängenden großen Nüsse pflücken wollen, klettern an den Stämmen, die etwa zwei Fuß dick sind und bis zur Krone gar keine Äste haben, wie die Affen hinauf, indem sie ihre Füße an die einander gegenüber liegenden Seiten des Baumes setzen und ihre Hände so gebrauchen, daß sie sich nicht rückwärts überschlagen, — ein halsbrechendes Kunststück, das ihnen der geschickteste Turner nicht nachzumachen vermöchte. Der mit seiner Längenseite frei hervortretende, nahe am blauen Meere liegende Kraterberg, mit dem Kokospalmenhain im Vorbergrund, bildet ein echt tropisches Landschaftsbild, das man nie müde wird, zu betrachten.

Gleichlaufend mit der Küste zieht sich, etwa sechs englische Meilen (9 bis 10 km) landeinwärts, eine schöngeformte vielgipfelige Bergkette hin. Wolken lagern darauf, Regenbogen schmücken dieselbe zur Winterszeit fast an jedem Tage. In dem Landstrich zwischen der Küste und dem Gebirge liegen zwischen den grünen Bäumen zahlreiche hübsche Wohnungen, darunter der weiße Villenpalast von Claus Spreckels. Der König Kalakaua, die Königin Kapiolani und viele reiche Bewohner Honolulus besitzen ländliche Wohnungen bei Waikiki. Ich hatte während einer Spazierfahrt nach Waikiki das Glück, von dem Eigentümer einer nahe am Meere liegenden Villa gastfreundschaftlich aufgenommen zu werden. Die Lage der Wohnung, mit der Aussicht auf das sich bis nach Honolulu vor uns ausbreitende Ufer, war wunderbar schön. Unter einem weiten, von

Blättern dicht überrankten Gitterwerk saß ich wie in einem
smaragdenen Saale, lauschte dem Rauschen der Wogen, die über
das Korallenriff brandeten, und dem Gesange der Vögel im
grünen Laubwerk, atmete die vom Dufte der Jasminen erfüllte
milde Luft mit vollen Zügen ein, betrachtete das wundervolle
Strandgemälde und schlürfte behaglich den kalten perlenden Sekt.
Aber diese Freude war nicht ungetrübt. Ab und zu stellte sich
ein bissiger Moskito ein, und anregende Gespräche über Haifische
und Aussätzige überzeugten mich, daß selbst im hawaiischen
Paradiese die kleinen Teufel nicht fehlen, welche uns armen
Sterblichen allerwärts das Erdenglück verbittern. Zu anderen
Zeiten besuchte ich die prächtigsten Palmenhaine, die jedem
Fremden offen stehn, oder ich wanderte durch den weitläufigen
Kapiolani-Park. Nach Herzenslust kann man dort in den
tropischen Anlagen umherschweifen und die Aussicht auf den
Diamond Head, den hohen Kokospalmenhain und das weite
blaue Meer genießen, oder auf einer einsamen Bank Platz
nehmen und sich in den Inhalt eines lieben Buches ungestört
vertiefen.

Die meisten Fremden besuchen Waikiki, um dort bei der
Badeanstalt ein Seebad zu nehmen. Dasselbe liegt innerhalb
des Korallenriffs, durch welches die in diesen Gewässern unangenehm zahlreichen Haifische vom Badegrund fern gehalten werden.
Höchst selten gelangt eine von jenen Seehyänen durch eine
schmale Öffnung in dem Riff nach der Badestelle, wo sie
aber nie lange verweilen wird. Ein molligeres Seebad, als
das bei Waikiki, giebt es nirgends in der Welt. Es ist
ein wahrer Hochgenuß, in dieser Flut umherzuschwimmen, die
nicht zu kalt und nicht zu warm und so blau ist, wie das
Mittelmeer bei der Insel Capri. Ein Hauptvergnügen ist es,
den badenden Kanaken zuzuschauen. Männer, Frauen und Kinder
tummeln sich dort, wie der Herrgott sie geschaffen hat, neben-

einander in der blauen Salzflut. Manche von ihnen nehmen ein Brett mit in die Wogen, stellen sich auf dasselbe und lassen sich so durch die hochaufschäumende Brandung treiben, andere stürzen sich ohne ein Brett in die Brandung, schwimmen wie die Fische im Wasser umher und tauchen unter, als befänden sie sich in ihrem ureigenen Element. Je wilder die Brandung tobt, um so lieber ist es ihnen. Die Frauen wetteifern mit den Männern in Schwimmkünsten. Verläßt eine von den braunen Seejungfern die Salzflut, so trocknet sie sich nicht etwa erst ab, ehe sie sich anzieht. Das ist in Hawaii ein überwundener Standpunkt. Sie wirft nur ein loses Baumwollengewand über den Kopf und wandert barfüßig von dannen, ohne sich um die kaukasischen Zuschauer im geringsten zu kümmern.

In der Nähe der Badeanstalt befindet sich eine Anzahl kleiner Teiche, die ganz voll von Goldfischen sind. Für den verwöhnten Gaumen der Kanaken sind diese ein beliebtes Gericht. Man verspeist sie roh — ohne Pfeffer und Salz! Rohe Fische sind ein Leckerbissen, den die kaukasischen Feinschmecker noch nicht entdeckt haben. In einen lebendigen Aal, Hecht oder Karpfen hineinzubeißen, soll so gut schmecken wie ein Gericht Austern in der Schale. In geringer Entfernung von den Goldfischteichen liegt an der Landstraße ein Chinesenladen, und nicht weit davon eine Kanakenschule. In der Schule werden die wie die Gänse barfuß herumlaufenden kaffeebraunen Kinder von einer Yankee-school marm in den Anfangsgründen der Wissenschaften, nämlich im Lesen, Schreiben und Rechnen, unterrichtet. Während der Zwischenpausen jagen sie sich und spielen miteinander, genau so wie die Kinder in einer deutschen Dorfschule. Den Fremden betteln sie gern deren überflüssige fünf-Centsstücke ab, wofür sie im Chinesenladen sofort Kandy kaufen. Der schlitzäugige John, der Eigentümer des Ladens, hatte nebst den Lebensbedürfnissen für die erwachsenen Mongolen einen großen Vorrat von Süßig-

leiten, Cracters, Nüssen u. s. w. auf Lager, womit er einen ein-
träglichen Handel trieb. Die braunen Kleinen kamen stets in
hellen Haufen zu mir gelaufen, sobald sie meiner bei Waititi
ansichtig wurden, und John lächelte, jedesmal wenn er mich
kommen sah, so sanft, wie Bret Harte's weltberühmter Heathen
Chinee es beim Poterspiel zu thun pflegte.

Fünftes Kapitel.

Ausflug nach dem Pali. — Das Nuuanuthal. — Kanaten und Chinesen auf
der Landstraße. — Auf dem Pali im Regen. — Ein Stück hawaiischer Geschichte. — Kamehameha der Große und die Schlacht auf dem Pali. — Hawaiische Lieder und Sagen.

In allen englischen Reisebüchern steht der etwa sieben englische Meilen (11 km) von Honolulu entfernte Pali (der
Abgrund) als die größte Sehenswürdigkeit dieser Stadt verzeichnet.
Infolge jener Anzeige haben die John Bulls, welche sich auf
der Durchreise zwischen San Francisco und Sydney meistens
nur einen halben Tag in Honolulu aufhalten, nichts eiligeres
zu thun, als, gleich nachdem sie ihren Fuß auf den Boden der
Insel Oahu gesetzt, in einem Wagen nach dem Pali zu kutschieren,
ohne die Hauptstadt des Kanakenreiches nur eines Blickes zu
würdigen. Selbstverständlich zog es auch mich wie mit magnetischer
Kraft nach dem Pali. Einem Yankee aus Connecticut, der eine
Reise um die Welt machte und mit einem 6¼ Fuß langen
hageren Körper ausgezeichnet war, ging es wie mir, und da

man über Naturwunder gern an Ort und Stelle mit jemandem seine Meinung austauscht, so mieteten wir zwei uns für die bescheidene Summe von acht Dollars zusammen einen Einspänner, versahen uns trotz des goldenen Sonnenscheins, wegen der auf dem Pali fast jeden Tag vorkommenden Regengüsse, mit Gummimänteln und befanden uns an einem Vormittage auf der nordwärts nach dem Gebirge durch das anmutige Nuuanuthal führenden Landstraße.

Der südliche Teil des Nuuanuthales gehört zum Weichbilde der Stadt Honolulu und wird meistens von wohlhabenden Bürgern bewohnt. Zahlreiche zwischen Palmen und anderen tropischen Bäumen hervorlugende Landhäuser, die von Rasenplätzen und Blumenbeeten umgeben waren, erregten meinen Neid auf die glücklichen Bewohner jener Heimstätten. Die palastartige Villa des Bankiers Bishop liegt an dieser Straße inmitten eines parkähnlichen tropischen Gartens von überraschender Schönheit. Verwahrloste, von Kanaken bewohnte Häuser, vor denen sich die halbnackten Kinder im Staub und Schmutz herumbalgten, und wo die Weiber im schlotterigen Mutter-Hubbard-Anzug gaffend in der Thüre standen, Portugiesenkneipen und Häuser von zweifelhaftem Ruf drängten sich ab und zu wie freches Gesindel zwischen die hübschen Landhäuser. Die Landstraße, an der zahlreiche Telephondrähte hinliefen, führte in der Nähe des Punch-Bowl-Berges vorbei, dessen fast 500 Fuß hohen Gipfel ich kurz vor meiner Heimfahrt nach San Francisco bestieg.

Es begann jetzt ab und zu kräftig zu regnen; dann brach die Sonne wieder hell durch das Gewölk, und die über dem Gebirge hängenden Wolken schmückten sich mit einem prächtigen doppelten Regenbogen. Als wir weiter kamen, vermochte unser bereits sehr ermüdete Gaul den leichten Wagen kaum noch durch den vom Regen durchweichten Boden der bergan laufenden Landstraße zu ziehen, so daß wir zwei Vergnügungsreisenden, um vorwärts zu kommen, meistens neben dem Gefährt durch den tiefen rötlichen Lehm spazieren mußten.

Wir begegneten vielen Eingeborenen, Männern und Frauen, die meisten von ihnen Arbeiter, die von den an der Nordseite der Insel liegenden Zuckerpflanzungen kamen und nach der Stadt ritten. Die Frauen saßen ohne Ausnahme nach Art der Männer auf ihren Kleppern. Auch Scharen von Mongolen begegneten uns, von denen viele große Bündel auf den beiden Enden einer langen Bambusstange auf der Schulter trugen. Sie alle gingen zu Fuß, denn die furchtsamen Chinesen haben eine heilige Scheu vor Pferden. Ihre Gliedmaßen vertrauen sie höchst ungern nicht einmal der sanftmütigsten Rosinante an, bei der man alle Rippen unter der Haut zählen kann. Unserem Wagen wichen die Zopfträger meistens hurtig bis in den Graben aus. Die Kanaken riefen uns oft ein freundliches „Aloha!" zu, und wir erwiderten kräftig ihren Gruß. Die braunen Reiterinnen unterwarfen unsere Gestalten und Gesichter einer strengen Musterung. Daß mein Reisebegleiter, der 6¼ Fuß hoch aufgeschossene hagere Yankee, besondere Gnade vor ihren Augen fand, merkte ich bald zu meinem Verdruß.

Einige hundert Schritt vom Pali, der das obere Ende des Nuuanuthales abschneidet, ließen wir unser Gefährt seitwärts von der Landstraße auf einer Wiese stehn und stiegen dann zu Fuß die Schlucht hinauf, wo wir an einem Schutzgeländer endlich im strömenden Regen unser Ziel erreicht hatten. Wir standen jetzt auf dem eigentlichen Pali, einem etwa 800 Fuß tiefen Abhange auf der Höhe des 1207 Fuß über dem Meere liegenden Gebirgspasses, der hier die Bergkette, welche sich von Südosten nach Nordwesten durch die Insel Oahu zieht, durchschneidet. Der linker Hand hoch ansteigende, scharf zugespitzte Konahuanui Pik (3106') und Abstürze bis 1400 Fuß tief, im Westen eine halbmondförmige grüne Bergkette, nordwärts die

von Reitern und Fußgängern belebte, sich im Zickzack wie ein
rotes Band hinabschlängelnde Straße, vereinzelte vulkanische
Kegel, die aus einem weiten Thalkessel aufragten, jenseits desselben in der Ferne die von weißer Brandung umsäumte nord-
östliche Küste der Insel Oahu, mit einigen dort liegenden Zuckerpflanzungen, dahinter das unendliche blaue Meer — das alles
vereint bildete ein malerisches Bild, das bei hellem Sonnenschein
unzweifelhaft noch sehr an Schönheit gewonnen hätte. Im
klatschenden Regen und unter einem mit schweren Wolken ver-
hängten Himmel, der über das ganze Panorama, mit alleiniger
Ausnahme des blauen Meeres, einen grauen Schleier deckte,
konnte ich mich aber für die Aussicht nicht begeistern, die auch
unter einer günstigeren Beleuchtung schwerlich den ihr in englischen
Reisebüchern gespendeten Weltruf verdient. Mein Yankeefreund
befand sich in der denkbar übelsten Laune und verstieg sich sogar
zu der Behauptung, daß der Pali sich an Großartigkeit mit den
Weißen Bergen in Connecticut gar nicht vergleichen ließe. Obgleich ich dies nun keineswegs unterschreiben möchte, erlebte ich
hier doch wieder einmal die alte Geschichte, daß eine zu hoch
gespannte Erwartung in der Wirklichkeit meistens eine Ent-
täuschung zur Folge hat.

Von nicht geringem Interesse sind die geschichtlichen Ereignisse, die sich einst auf dem Pali und in der Nähe desselben
abspielten. Um dieselben verständlich zu machen, muß ich den
Leser bitten, sich in das vergangene Jahrhundert, in die Zeit
Kamehamehas des Großen, zurückzuversetzen. Dieser war,
als Kapitän Cook zuerst auf der Insel Hawaii landete, eben erst
dem Knabenalter entwachsen; doch soll er Zeuge der Ermordung
jenes berühmten Seefahrers (1779) gewesen sein. Später war
er ein warmer Freund des Kapitäns Vancouver und blieb den
Weißen stets zugethan. Nach dem Tode seines Oheims Kanaliopuu
gelangte Kamehameha in Kohala, der nordöstlichen Landschaft

auf der Insel Hawaii, zur Herrschaft. Zunächst unternahm er
es, diese Insel, welche damals in ein halbes Dutzend und mehr
kleine Reiche zerstückelt war, seiner Macht zu unterwerfen. Dabei
hatte er bereits den Plan ins Auge gefaßt, alle Inseln unter
seinem Scepter zu vereinigen und ein großes Inselreich Hawaii
zu gründen.

Auf den verschiedenen Inseln herrschten zu jener Zeit eine
Menge sogenannter Könige, manche von ihnen Tyrannen von
der allerschlimmsten Sorte. Der geringste Verstoß gegen die
lächerlichsten Gebräuche, eine Unachtsamkeit gegen einen König
oder einen Priester wurde mit dem grausamsten Tode bestraft.
Ließ jemand z. B. zufällig seinen Schatten auf die geheiligte
Person eines solchen Königs fallen, so wurde er sofort umge-
bracht. Den Missethätern stieß man die Augen aus, Arme und
Beine wurden ihnen entzweigebrochen, sie wurden erdrosselt, verbrannt, mit Knüppeln totgeschlagen u. s. w. Namentlich solche,
die sich gegen das Tabu vergingen, d. h. irgend eine geheiligte Person oder Sache nur anrührten, waren unrettbar
verloren. Sie wurden sozusagen auf die schwarze Liste gestellt
und später, wenn der Vorrat von Kriegsgefangenen vielleicht
nachließ, ohne eine Ahnung von der über ihrem Haupte schwebenden Gefahr zu haben, plötzlich zum Tode fortgeschleppt und
den Göttern geopfert. Es gab dies eine so prächtige Gelegenheit,
sich seiner Feinde zu entledigen, als je in Venedig in der guten
alten Zeit gäng und gäbe war, wo man bekanntlich nur nötig
hatte, den Namen irgend eines unbequemen Menschen auf ein
Stück Papier zu schreiben und dies in eine für solche Mitteilungen
bestimmte kleine Öffnung in der Wand des Dogenpalastes zu
werfen, um jenen der Gerechtigkeit (?) zu überliefern. Ein hawaiischer König oder Priester konnte irgend einen Gegenstand mit
Tabu bezeichnen: Götzenbilder, Schiffe, Schweine, Bäume, Felsen,
Quellen, Männer, Frauen u. s. w. Unkenntnis eines Tabu war

keine Entschuldigung. Die Kriege arteten in förmliche Raubzüge und Schlächtereien aus. Die Könige waren schlimmer noch als die alten Raubritter. Sie bekriegten einander und ihre Unterthanen fast fortwährend, die Ansiedler in den Thälern kämpften gegen die Bergbewohner, alle Schluchten und Wälder waren voll von Räubern. Die mit den Königen eng verbundenen Priester thaten diesen entsetzlichen Zuständen allen möglichen Vorschub.

Um Ordnung in die heillose Wirtschaft zu bringen, fiel Kamehameha im Jahre 1789 zunächst über Keoua, den mächtigen König von Hilo, her, der so eine Art hawaiischer Quitzow war. Keoua leistete wackeren Widerstand. Hätte er nicht während eines Kriegszugs nach der Landschaft Kau den dritten Teil seines Heeres (400 Mann) durch einen Aschenregen des Vulkans Kilauéa verloren, so wäre die Entscheidung vielleicht zweifelhaft gewesen. Als Keoua sich endlich ergab, ließ Kamehameha ihn, wie es heißt aus Versehen, totschlagen. Unter den auswärtigen Feinden Kamehamehas waren Kahekili, der König von Oahu, und dessen Sohn Kalanikupule, gewöhnlich Kalani genannt, weitaus die gefährlichsten Gegner. Kalani unternahm sogar Streifzüge nach der Insel Hawaii, raubte die schöne Kupule, Kamehamehas Schwester, aus dessen Lager und nahm sie zur Gattin. Die Kämpfe verbreiteten sich mit wechselndem Erfolg über alle Inseln, wobei bald dieser bald jener König für oder gegen Kamehameha stritt.

Kamehameha, der, wie früher erwähnt wurde, viele Freunde unter den Weißen hatte, suchte zuletzt mit diesen ein Bündnis zu schließen. Weiße Abenteurer und Halsabschneider gab es damals genug auf den Sandwichinseln, und jenen schien ein frischer fröhlicher Krieg der rechte Zeitvertreib. Es gelang Kamehameha denn auch ohne viele Mühe, eine ansehnliche Schar Weiße anzuwerben, die mit Feuerwaffen versehen waren und sich unter den Befehl eines Engländers mit Namen John Young stellten, mit deren Hilfe der Eroberer unwiderstehlich wurde. Die große Insel Hawaii fiel jetzt ganz in seine Gewalt. Im Jahre 1790 erlitt Kalani eine schwere Niederlage bei Wailuku auf der Insel Maui. Viele Hunderte seiner Krieger wurden bei dem in einer engen Felsschlucht stattfindenden Kampfe in Abgründe hinuntergestürzt. Der dort fließende Jao-Bach war so voll von Erschlagenen, daß er weit aus seinen Ufern trat, weshalb diese Schlacht den Namen Kepaniwai (d. h. aufge-dämmtes Wasser) führt. Nie zuvor hatte sich Kamehamehas Feldherrntalent in solchem Glanze gezeigt. Er eroberte nun schnell ganz Maui und brachte in den nächsten Jahren auch die Inseln Lanai und Molokai unter seine Botmäßigkeit.

Während Kamehameha seine Macht immer mehr stärkte, ver-zettelten die Könige von Oahu die ihrige mit nutzlosen Kämpfen gegen Kauai. Es war im Februar 1795, als Kamehameha der Große endlich mit einem Heere von 16 000 Mann bei Honolulu landete, um Oahu zu erobern. Kalani trat ihm, in Gemeinschaft mit den ihm jetzt verbündeten Kriegern von Kauai zur Ent-scheidungsschlacht im Nunanuthale entgegen. Seine bis auf 5000 Mann zusammengeschmolzene Kriegsmacht wurde am Tage vor der Schlacht durch 3000 Überläufer unter dem Verräter Kaiana, dem ersten Unterbefehlshaber im Heere Kamehamehas, verstärkt. Das enge Thal hatte Kalani ungefähr drei englische Meilen (5 km) von Honolulu durch einen querüber aufge-führten sieben Fuß hohen Steinwall verschanzt; aber Kamehameha schritt, trotz der niederträchtigen Verräterei eines so ansehnlichen Teils seiner Truppen, sofort zum Angriff. Von den weißen Seeleuten, die unter dem Befehl des vorhin genannten Eng-länders Young standen, wurde aus drei Geschützen, welche einem gestrandeten Schiffe entnommen waren, eine Bresche in den Steinwall geschossen und dieser erstürmt. Die Überläufer ergriffen die Flucht, nachdem die Hälfte von ihnen, worunter der Verräter Kaiana, gefallen war; die Krieger von Oahu und Kauai hielten aber wacker stand. Zuletzt zog sich Kalani mit 300 Häuptlingen nach der Palischlucht zurück, wo diese Heldenschar, die sich nicht ergeben wollte, nach fürchterlichem Kampfe bis auf den letzten Mann fiel. Kalani, von Feinden umringt, wurde als einer der letzten von Young getötet. Die Königin Kupule, Kamehamehas Schwester und Kalanis Gemahlin, und viele Frauen Oahus sahen diesem Verzweiflungskampfe von einer nahen Felskuppe zu und ermunterten die Streitenden durch Zuruf und Gesang.

Nach dem Untergange Kalanis und seiner Heldenschar rückte das siegreiche Heer Kamehamehas bis an das Ende der Palischlucht vor, wo die 1500 Überläufer, welche dem Blutbad entronnen waren, Schutz gesucht hatten. Damals war noch kein Abstieg nach der Nordseite der Insel aus den steilen Felsen gesprengt worden, und die Flüchtlinge steckten an dem Abhang wie in einer Falle fest. Von den wegen des Verrats und der ungeheuren Verluste gegen ihre früheren Waffengenossen aufs äußerste ergrimmten Kriegern Kamehamehas wurden jene auf dessen Befehl samt und sonders in den Abgrund getrieben. Noch heute findet man Schädel am Fuße des Pali, die stummen Zeugen des entsetzlichen Gerichts, das der hawaiische Napoleon dort über die Verräter verhängte. Die zahlreichen Gefangenen wurden im Heiau (Tempel) bei Waikiki den Göttern geopfert, ihre Köpfe auf den Steinwällen des Tempels aufgespießt. *)

----

*) Die Beschreibung des Kampfes auf dem Pali habe ich dem Werke „Kalani of Oahu" von C. M. Newell entnommen. In Jarves' Buch „History of the Hawaiian Islands" (1872) wird der Verlust des Heeres von Kalani in der Schlacht nur auf 300 Tote angegeben. Der von Young mit Kanonen zusammen geschossene Steinwall, die Vernichtung der Überläufer u. s. w. werden aber auch dort auf ähnliche Weise beschrieben, so daß an den allgemeinen Thatsachen der Schlacht auf dem Pali kein Zweifel obwalten kann.

Mit der Schlacht auf dem Pali war der Widerstand der zahlreichen kleinen Häuptlinge oder Könige auf den hawaiischen Inseln gegen Kamehameha vollständig gebrochen. Der Engländer John Young erhielt als Lohn für seine Dienste die Stellung eines Gouverneurs der Insel Oahu, und Kamehameha verlegte seinen Regierungssitz, der während der letzten Jahre in Lahaina auf der Insel Maui gewesen war, endgültig nach Honolulu. Die beiden Inseln Kauai und Niihau unterwarfen sich etwas später, und die Inselgruppe hat seitdem ein einziges Königreich gebildet. Der Sieger erließ strenge Gesetze gegen Mord, Raub, Diebstahl und andere Verbrechen, er ordnete das Recht des persönlichen Eigentums u. s. w. und führte in unglaublich kurzer Zeit gesittete Zustände in seinem Reiche ein. Kamehameha der Große, von den Walfischfahrern der „Napoleon des Pacific" genannt, hatte die Absicht, auch noch Tahiti zu erobern, gab diesen Plan aber wieder auf. Auf gebrechlichen Kanoes einen Kriegszug gegen eine Insel, die 2380 Seemeilen von Honolulu entfernt liegt, zu unternehmen, mochte selbst diesem mutigen Manne etwas zu gewagt erscheinen. Kamehameha war ein Krieger von herkulischer Stärke und besaß einen furchtlosen, eisernen Willen. Sein Feldherrntalent war bedeutend. Der Name Kamehameha bedeutet: ein Mann, der in einsamer Größe dasteht. Von seinen Landsleuten wird er als der tapferste Held, als der weiseste und gerechteste Herrscher aller Länder und Zeiten hoch verehrt — der Stolz und der Ruhm Hawaiis!

Die Schlacht auf dem Pali hat den Stoff zu manchen ergreifenden Sagen und Liedern gegeben, wie überhaupt die Geschichte der Vorzeit von den hawaiischen Dichtern mit Vorliebe verherrlicht worden ist. Die Balladen, namentlich die Beschreibungen der Seefahrten und Kämpfe, haben einen fast homerischen Klang und bezeugen die hohe poetische Begabung des Inselvolks. Lieder, worin der im 16. Jahrhundert lebende Häuptling Umi, Kamehameha der Große, der Held Kalani, die Königin Kupule, der schreckliche Moa-alii, der Beherrscher des Meeres, und namentlich die Göttin Pele, die im ewigen Feuer des Vulkans Kilauéa wohnt, besungen werden, leben noch heute im Volksmunde fort. Die Geschichte Hawaiis liest sich fast wie ein romantisches Heldenepos. In englischer Sprache wurde manches davon teils in Prosa nacherzählt, teils in ein poetisches Gewand gekleidet, und ist so der Vergessenheit entrissen worden. Die Helden und die Götter des alten Hawaii werden fortleben, wenn die Lieder aus der Urzeit in der Sprache von Umi und Kalani längst verklungen sind.

Sechstes Kapitel.

Auf dem Dampfer Kinau nach dem Vulkan. — Eine bunte Schiffsgesellschaft.
— Nach Maui. — Ein wackliger Dampfer. — Die rauhen Kanäle zwischen
den Inseln. — Zahlreiche Spuren vulkanischer Thätigkeit. — Durch die Upolo-
See nach Hawaii. — Ratlose „Japs". — Die Winterhäfen der alten Walfisch-
fahrer. — An der Küste von Hilo. — Die Kanaken als unübertreffliche Seeleute.
— Haifischgeschichten. — Eine Landung in Körben. — Die Bucht von Hilo.

Am Nachmittage des 19. Dezembers begab ich mich in
Honolulu an Bord des Dampfers Kinau, um die Reise nach
dem Vulkan anzutreten, welche den Glanzpunkt meines Aufenthaltes
auf den Sandwichinseln bildete. Für 50 Dollars hatte ich mir
eine Fahrkarte als Vulkanreisender gelöst, womit ich alle Ausgaben, die Dampferfahrt hin und zurück, Reittiere, Führer,
Beköstigung u. s. w., nebst einem Aufenthalte von zwei Tagen
und Nächten im Volcano-House, bestritt. An der Landungsbrücke des Dampfers war eine große Schar Kanaken beiderlei
Geschlechts versammelt, von denen sich viele mit Blumen geschmückt
hatten. Mit lautem „Aloha!" wurden die Reisenden von der
Menge begrüßt. Ein hübsches Kanakamädchen hing mir einen
großen Kranz von Rosen um, als ich an Bord stieg, eine Aufmerksamkeit, die mich angenehm berührte. Die auffallend geringe
Zahl unserer Reisegesellschaft, welche nur aus zwei Herren und
zwei Damen bestand, erklärte sich dadurch, daß im Winter nur
wenige Reisende der Frau Pele einen Besuch abstatten. Seit

drei Wochen war unsere Gesellschaft die erste, die nach dem
Vulkan fuhr. Eine zweite Dampfschiffslinie, welche die große
Insel Hawaii im Süden umfuhr und mit dem Dampfer A. G. Hall
ebenfalls Reisende nach dem Vulkan beförderte, befand sich in
derselben Lage. Ich hatte den Kinau gewählt, weil die Verbindung
zu Lande auf dieser Linie die kürzere war. Es hieß, der Kilauéa
halte einen Winterschlaf und sei nicht in Thätigkeit, was auch
manche in Honolulu verweilende Fremde vor der recht unangenehmen Seefahrt nach der Insel Hawaii zurückschreckte. Ich
verließ mich aber ganz auf die Göttin Pele, welche gewiß nicht
die Gelegenheit, mir ihr Feuerschloß in aller Pracht zu zeigen,
so leichtsinnig unbenutzt vorübergehen lassen würde. Und hierin
hatte ich mich denn auch, wie die Zukunft lehrte, nicht getäuscht.

Wir vier Vulkanfahrer, nebst einem Dutzend anderer Weißen,
bildeten nur einen verschwindend kleinen Bruchteil der Reisenden
auf dem Kinau, der förmlich von Menschen wimmelte. Es
befanden sich mindestens 400 Japaner, die vor kurzem von
Yokohama gekommen waren, nebst einer großen Anzahl Portugiesen
von den Azoren, Chinesen und Kanaken auf dem nicht sehr
großen Schiff, die sich fast alle als Arbeiter nach den Zuckerpflanzungen auf den verschiedenen Inseln begeben wollten, welche
unser Dampfer besuchen würde. Das Gewimmel dieser bunten
Menschenhaufen, die alle auf einmal in verschiedenen Sprachen
schnatterten, die seltsamsten Gepäckstücke mitschleppten und sogar
ihre Lieblingshunde- und Katzen im Gefolge hatten, Frauen,
welche Singvögel und kleine grüne Papageien in hölzernen Käfigen
sorgfältig in der Hand trugen, Scharen von japanischen Kindern,
die mit ihren großen braunen Augen ängstlich umherblickten, dies
alles war im höchsten Grade unterhaltend. Die Chinesen und
Japaner trugen ohne Ausnahme ihre vaterländischen Kleider:
Kittel, Pumphosen, Kahnpantoffeln, schildähnliche riesige Stroh-
hüte u. s. w. Massen von tropischen Früchten — Bananen,

Mangos, Guaven, Melonen, Ananas, Kokosnüsse, Datteln, Alligator-Birnen, Orangen u. s. w. — lagen überall zerstreut umher; dazwischen standen Kisten voll von getrockneten Fischen, Kalabaschen mit Poi, lebendige Krabben in Körben u. dergl. m. Allmählich kam etwas Ordnung in dies bunte Gewirr. Die zusammen gehörenden Familien und Volksarten vereinigten sich und lagerten sich auf Matten zwischen Bambusstangen, Säcken, Kisten und Körben, oder sie saßen, Früchte essend, auf Bündeln, altertümlichen Koffern und anderen Gepäckstücken.

Endlich ertönte die schrille Dampfpfeife das letzte Mal zur Abfahrt, die guten Freunde und Bekannten der Reisenden verließen schnell das Schiff, die Taue wurden gelöst, und wir entfernten uns langsam vom Ufer. Auf den Gebirgen Oahus lagen schwere Wolken, und es spannte sich ein überaus prächtiger doppelter Irisbogen über die gezackte Bergkette des Pali; vor uns breitete sich das blaue Tropenmeer unter einem sonnenhellen Himmel aus. Auf dem englischen und den drei amerikanischen Kriegsdampfern, in deren Nähe wir vorüberfuhren, herrschte ein reges Leben. Scharen von Matrosen sprangen von denselben in die See, die von rüstigen Schwimmern förmlich wimmelte. Sobald das offene Fahrwasser erreicht war, nahmen wir einen östlichen Kurs. Der langgestreckte Kraterwall Diamond Head gewährte einen herrlichen Anblick. Nachdem wir bei den zwei grünen Bergkuppen von Koko-Head vorbeigefahren waren, entfernten wir uns rasch von der Küste Oahus und dampften durch den breiten Kaiwi-Kanal zwischen jener Insel und der Insel Molokai (wo sich die Niederlassung der Aussätzigen befindet); dann, während der Nacht, durch den Pailolo-Kanal, der die schmale 40 engl. Meilen (64 km) lange Insel Molokai von der kleineren Insel Lanai trennt, nach Maui hinüber.

Der von Cramp & Comp. in Philadelphia gebaute Schrauben-dampfer Kinau, welcher unter dem Befehl des in Flensburg

gebürtigen deutschen Kapitäns Lorenzen stand, bewährte in vollem
Maße seinen Ruf als ein bösartig rollendes Schiff, dem es
schwer ward, zum Gleichgewicht auf seinem Kiel zu gelangen.
Die See ist in den zwischen den verschiedenen Inseln liegenden
Kanälen stets sehr unruhig, allerlei Strömungen und Gegen-
strömungen kreuzen sich dort, und alle möglichen Sorten von
groundswell, cross cut seas, chopping seas, und wie die See-
mannsausdrücke alle heißen mögen, verbittern den Reisenden das
Dasein auf den wackeligen Schiffen, die in jenen Gewässern
fahren. Der Kinau hatte vollauf Gelegenheit, seinen Tanzübungen und schlenkernden Bewegungen nach gewohnter Weise
obzuliegen.

Mein engerer Landsmann, Herr Lorenzen, mit dem ich bald
vertraut geworden war, wunderte sich über meine, für eine
Landratte ziemlich seefeste Natur und machte die Bemerkung,
daß öfters sogar alte Matrosen bei der Fahrt durch diese Kanäle
seekrank würden. Als sich während der Nacht eine kräftige Brise
erhob, wurde der Aufenthalt auf dem Dampfer in der That
recht ungemütlich. Eine elendere Reisegesellschaft als die unsrige
sah ich noch nie. Das Jammern der im Zwischendeck des Schiffes
mit ihren Frauen und Kindern zusammengepferchten Japaner
und das Gestöhn einer neben meiner Kabine einquartierten zahlreichen Familie verhinderten mich am Schlafen. Nur zweimal
hielt unser Dampfer während der Nacht auf kurze Zeit vor den
Landungsplätzen Lahaina und Maalaea auf der Insel Maui an,
setzte dort Reisende in Böten ans Land und nahm andere
an Bord.

Als der neue Tag anbrach, fuhren wir immer noch nahe
am Ufer der Insel Maui entlang, der zweitgrößten Insel im
hawaiischen Königreiche, die eine Länge von 48 (77 km) und
eine Breite von 30 engl. Meilen (48 km) hat. Hinter uns
türmte der Haleakalá seinen gewaltigen ausgebrannten Krater.

gipfel über 10000 Fuß in den Äther empor. Überall am Strande gewahrte ich die Spuren alter Lavaströme. Daß sämtliche hawaiische Inseln vulkanischen Ursprungs sind, wird auch dem oberflächlichsten Beobachter nicht entgehn. Die südwärts von Maui liegende kleine Insel Kahoolawe ist eigentlich nur ein alter Vulkan; die ganz nackte Felsinsel Molokini ist ein Stück eines halb zerstörten Kraters, in welchen die Wogen der See jetzt hineinspülen. Angesichts dieser beiden kleinen Inseln fuhren wir durch den Alalakeki-Kanal und erreichten bald darauf Makéna, den letzten kleinen Platz auf Maui, bei dem wir nur kurze Zeit verweilten. Von Makéna dampfte der Kinau dann durch den Alenuihaha-Kanal nach der großen Insel Hawaii hinüber.

Der 28 engl. Meilen (45 km) breite Alenuihaha-Kanal, auch die Upolo-See genannt, nach dem gleichnamigen nörd-lichen Vorgebirge auf der Insel Hawaii, ist bei weitem der rauheste unter diesen Wasserwegen, deren schön klingende Namen gewiß leicht zu behalten sind. Ich muß gestehn, daß ich nach einer Fahrt von beinahe drei Stunden, bei sehr erregtem See-gang, mit kurzen, unangenehm kräftigen Wellen, die den Kinau wie einen Gummiball hin und her warfen, herzlich froh war, als wir in der Nähe der Insel Hawaii endlich in ein ruhiges Fahrwasser gelangten. Ohne Zweifel ist es lobenswert, wenn jemand wie ich während einer rauhen Seefahrt nur selten ein bißchen Unannehmlichkeit in der Magengegend verspürt; aber stundenlang wie ein Eichhörnchen auf dem Verdeck herumzuspringen, sich die halbe Zeit während einer Seereise von anderthalb Tagen mehr in schräger als in senkrechter Lage auf den Füßen zu bewegen, mitunter zur Abwechslung im klatschenden Regen aus-zugleiten und fast unausgesetzt die wunderbarsten Turnübungen machen zu müssen, ist immerhin ein Vergnügen von absonder-licher Art.

Bei Mahukona, dem ersten Platze, den wir auf der Insel Hawaii erreichten, verweilte unser Dampfer mehrere Stunden und setzte dort eine ansehnliche Schar Japaner ans Land, die in der Umgegend auf Zuckerpflanzungen Beschäftigung finden sollten. Die „Japs" waren vollständig aus Rand und Band. Niemand verstand, was sie eigentlich wollten. Sie befanden sich in einer fürchterlichen Aufregung und schnatterten wie die Gänse durcheinander, schleppten ihr aus Strohkörben, Matten und sonderbaren Bündeln bestehendes Gepäck, ihre Vogel-käfige und Katzen bald hierhin, bald dorthin, drängten sich plötzlich in die Böte und sprangen noch schneller wieder auf den Dampfer zurück, und schienen ganz ratlos zu sein. Einer der-selben, dem ich durch mein ehrliches deutsches Gesicht wahrscheinlich Vertrauen einflößte, faßte meinen Rockschoß und zerrte mich nach dem Zwischendeck, wo seine weinende Gemahlin und vier schreiende Kinder auf ihrem Gepäck saßen und dasselbe mit aller Macht fest hielten, während mehrere lachende kanakische Matrosen es fort-zuzerren suchten. Der Familienvater machte wunderbare Zeichen mit den Händen, zeigte bald auf das Ufer, bald auf den Dampfer, that so, als ob er einen Kasten aufhöbe und ihn wieder hinsetze, und sah mich dabei fragend an. Zuletzt verstand ich ihn. Der kleine braune Mann wollte nämlich wissen, ob er in Mahukona ans Land gehen solle. Als die Matrosen dies bestätigten und ich ihm zunickte, war er plötzlich eitel Freude und Seligkeit, drückte mir die Hand und schleppte mit Hilfe seiner Frau selbst seine Matten, Körbe, Vogelkäfige, Katzen und Kinder in eins der Böte, welche die Verbindung mit dem Lande herstellten.

Endlich waren die Japaner ans Land gesetzt und der Kinau dampfte in geringer Entfernung vom Ufer in südlicher Richtung weiter nach Kawaihae, wo sich dasselbe Schauspiel mit den Asiaten wiederholte. Mahukona und Kawaihae liegen beide „unter dem Winde" und sind ganz vor Seegang geschützt. Als

in früheren Jahren die Walfischfahrer ihren Sammelplatz bei den
Sandwichinseln hatten, statt wie jetzt in San Francisco, pflegten
jene in dem ruhigen Wasser bei Kawaihae und Mahukona und
bei Lahaina auf der Insel Maui zu überwintern, falls sie es nicht
vorzogen, in dem kostspieligen Hafen von Honolulu einzukehren.
Der von Amerikanern im Jahre 1819 begonnene Walfischfang
erreichte 1858 seine höchste Blüte. In diesem Jahre besuchten
500 Walfischfahrer den Hafen von Honolulu. 1865 liefen
180 Walfischfahrer in die Häfen des hawaiischen Königreichs ein,
1871 nur noch 31, und heute sind sie ganz von dort verschwunden. Zu Anfang der sechziger Jahre bestand die Walfisch-
fahrerflotte im nördlichen Stillen Meere aus etwa 200 Segel-
schiffen. Jetzt ist ihre Zahl weit geringer. Fast alle von ihnen
kommen aus den Häfen von Nantucket, New Bedford und New-
haven in Neu-England. Der Gebrauch, Harpunen mit der
Hand zu werfen, schränkt sich mehr und mehr ein; statt dessen
werden Sprenggeschosse und Harpunen aus kanonenartigen
Büchsen auf die Walfische abgefeuert, und die alte Romantik ist
so ziemlich dahin. Für die hawaiischen Inseln ist das Fort-
bleiben der Walfischfahrer, deren flotte Besatzung ihre Ersparnisse
auf freigebige Weise verausgabte, ein harter Schlag gewesen,
während jene in dem Welthafen San Francisco nur eine unbe-
deutende Rolle spielen.

Es war bereits Abend geworden, als der Kinau endlich von
Kawaihae Abschied nahm, wieder bei Mahukona vorbeifuhr und
seinen Kurs um die Nordseite der Insel Hawaii nach dem Haupt-
orte Hilo einschlug. Als Upolo-Point, das nordwestliche Vorgebirge der Insel Hawaii, hinter uns lag, gerieten wir plötzlich
wieder in einen schweren Seegang, wodurch vielen Reisenden
die prächtige Aussicht auf die felsige Küste ganz verleidet wurde,
die besonders auf der Strecke zwischen den Ortschaften Waipio
und Hilo das Auge durch großartige Bilder fesselt. Das Ufer

fällt hier meistens 1000 bis 1500 Fuß steil ab. Zahlreiche Wasserfälle schwebten wie silberne Bänder an den steilen Felshängen hin und her. Nicht weniger als 92 Schluchten und kleine Thäler gewähren auf der 60 engl. Meilen (96 km) langen Strecke zwischen Waipio und Hilo einen Einblick von der See aus, und durch jede Schlucht ergießt sich ein Wildbach. Im Waipiothale stürzt ein Wasserfall 1700 Fuß von einem senkrechten Felsen in einen Wald von Brotfruchtbäumen herab. Unmittelbar nach jedem Regenguß fallen unzählige Wasserströme von der hohen felsumgürteten Küste in das Meer. Als der Kinau nahe am Ufer entlang fuhr, konnte ich oft durch die vielen kleinen Thäler in das Innere der Insel schauen, wo lange Reihen von Arbeiterwohnungen auf den Zuckerpflanzungen lagen, oder weiße, vom Mondlicht beschienene Herrenhäuser hoch oben von den Felsvorsprüngen herniederblickten. Dahinter dehnten sich die schwarzen Urwälder aus. Eine gewaltige Brandung brach sich am Fuße jener Abhänge. Nirgends konnte der Dampfer unmittelbar am Ufer anlegen. Sowohl die Reisenden als die Warengüter wurden stets von den Schiffsböten an das Land gesetzt.

Bewundernswert ist die Geschicklichkeit, mit welcher die Matrosen, sämtlich Kanaken, die Schiffsböte regieren und die sehr gefährliche Verbindung mit dem Lande bewerkstelligen. Schon das Aussehen der arg zerschlagenen Böte ist ein Beweis, wie oft dieselben mit den Felsen in Berührung kommen. Schlägt bei stürmischem Wetter mitunter einmal ein Boot um, so wird ein solcher Unfall von den Eingeborenen nur als ein guter Scherz betrachtet, da es diesen so ziemlich einerlei ist, ob sie sich im Wasser oder auf festem Boden befinden. Schnell wird das Boot von den in der Nähe schwimmenden Matrosen wieder aufgerichtet und ausgeschöpft, die herausgefallenen Waren und andere lose Gegenstände werden wieder hineingeschafft, mitunter sogar vom Meeresboden, wenn das Wasser nicht gar zu tief ist, heraufgeholt, und ehe man sich's versieht sitzt die ganze Besatzung wieder auf den Ruderbänken. Die beim Fischfang benutzten Böte sind mit einer durch Querhölzer mit dem Bootrand verbundenen, seitwärts auf dem Wasser schwimmenden baumartigen Stange, einem sogenannten „Ausleger" (outrigger) versehn, um jene im Wogenschwall vor dem Umschlagen zu bewahren. Bei ihren Kriegszügen zur See pflegten die Kanaken die Ausleger von je zwei Böten miteinander zu verbinden und einen Bretterboden darauf aufzuschlagen, auf dem die Kämpfer standen.

Vor den Haifischen, welche in diesen Gewässern sehr zahlreich sind, haben die Eingeborenen nur geringe Furcht, obgleich es doch mitunter vorkommt, daß einer von den besonders gefährlichen Niuhi einem sorglosen Schwimmer einen Arm oder ein Bein abbeißt. Mir wurden von durchaus zuverlässigen Leuten haarsträubende Abenteuer von Kämpfen zwischen Haifischen und Kanaken erzählt, die fast unglaublich scheinen, aber ohne Zweifel wahr sind. Eine beliebte Angriffsweise jener kühnen Schwimmer besteht darin, entweder unter den Hai zu tauchen (der sich bekanntlich auf den Rücken legen muß, ehe er zubeißen kann), um diesem mit einem Messer beizukommen, oder ihm den einen Arm, der mit einem dicken Tuch umwunden ist, in den Schlund zu stecken, so daß jener den Rachen nicht schließen kann, und der Meereshyäne dann mit der anderen Hand vermittelst eines langen Messers den Bauch aufzuschlitzen. Oder es nimmt ein Haijäger einen etwa anderthalb Fuß langen Stock, der aus sehr hartem Holze besteht und an beiden Enden scharf zugespitzt ist, in die Rechte und steckt ihn dem Ungeheuer, wenn sich dieses zum Zubeißen auf den Rücken legt, geschickt querüber in den weit aufgesperrten Rachen. Der Hai beißt natürlich sofort zu und rennt sich, statt einen wohlschmeckenden Kanaken zu erhaschen, das doppelt zugespitzte Stück Holz in beide Kiefer hinein, so daß er den Rachen nicht mehr zu schließen vermag. Das Leben des

Haifisches ist dann für diesen keinen Pfifferling wert! Die größte Gefahr besteht in einem Schlag vom Schwanze des Hais. Die Schläge, welche dieser so auszuteilen vermag, sind von furchtbarer Wucht.

Ähnliche Haifischgeschichten und Erzählungen von den verwegenen Thaten kanakischer Seeleute bildeten während dieser Reise einen unerschöpflichen Stoff für anregende Gespräche. Eine schiffbrüchige Schar amerikanischer Matrosen wurde im Jahre 1886 während eines Sturmes an der Küste von Hilo durch Kanaken von einer Klippe gerettet, die von weißen Seeleuten gar nicht hätte erreicht werden können. Die Regierung in Washington ließ jene kühnen Männer für ihre wackere That reichlich belohnen. Einst fiel ein Reisender an dieser Küste aus einem Boote ins Wasser und wurde von der Brandung in eine Höhle geschleudert, deren Öffnung ab und zu unter dem auf und ab wogenden Wasser verschwand. Der Weiße, welcher sich dort auf ein Felsstück gerettet hatte, wäre ohne Zweifel umgekommen, wenn ein Kanake ihn nicht für eine Belohnung von fünfzig Cents herausgeholt hätte.

Daß das Landen an dieser felsigen, nicht selten von Stürmen gepeitschten Küste nicht zu den Annehmlichkeiten gehört, wird dem Leser noch mehr einleuchten, wenn ich sage, daß die Reisenden an einigen Stellen in Körben sechzig Fuß hoch aus den sich wild auf den Wogen hebenden und senkenden Böten bis an den Rand des Klippenabfalls hinaufgehißt werden und ebenso hinabgelangen. Vermittelst Stahlkabel, die in der See verankert sind und nach dem schroffen Felsrande hinaufführen, werden die Zuckersäcke auf einer Art Wiege in die Böte geschafft, oder es stehn gewaltige Kräne hoch oben in den Felsspalten und Dampfmaschinen auf dem Berge, durch welche die Fracht auf einem am Abhang befestigten Schienenstrang befördert wird. Bei stürmischem Wetter ist aber auch diese Art des Landens dort eine

Unmöglichkeit. Weiße Matrosen könnten hier überhaupt kein Boot regieren. Wird es doch allgemein zugegeben, daß die Kanaken den Weißen als Seeleute weit überlegen sind! Die Kapitäne der Walfischfahrer pflegten deshalb, als diese noch bei den Sandwichinseln überwinterten, gern einige Kanaken als Matrosen mit nach dem Eismeer zu nehmen.

Gegen Mitternacht gelangten wir im strömenden Regen nach der Bucht von Hilo, wo der Dampfer Kinau ziemlich weit vom Ufer bis Tagesanbruch liegen blieb, und wieder 250 Japaner nebst deren Gepäck in den Schiffsböten an das Land befördert wurden.

Siebentes Kapitel.

Die Stadt Hilo und ihre Umgebung. — 20 Fuß Regen im Jahr. — Der große Lavastrom dicht vor Hilo. — Die Beschwörung der Prinzessin Ruth. — In Keauhou. — Ein Ritt über ein Lavafeld. — Ein tropischer Regensturm. — Der Yankee-Agent in seinem Heim. — Im Karren nach dem Vulkan. — Chia-bäume und Pulu-Farne. — Ankunft im Volcano-House. — Erster Blick in den Krater des Kilauéa.

Hilo, 192 engl. Meilen (309 km) von Honolulu, ist der zweitgrößte Ort auf den Sandwichinseln, hat aber mehr das Aussehen eines großen Dorfes als das einer Stadt. Mit dem in seiner Nähe liegenden gleichnamigen Zuckerdistrikte hatte der Platz bei der letzten Volkszählung (27. Dezbr. 1884) 7988 Bewohner, von denen die Landbevölkerung aber weitaus die Mehrzahl bildet. Landungsbrücken oder irgend welche Bequemlichkeit

und Sicherheit für die Schifffahrt giebt es in Hilo nicht; doch
könnte die Bucht durch das Fortsprengen eines Korallenriffs, das
bei schwerer See eine mächtige Braubung verursacht, leicht in
einen guten Hafen umgewandelt werden. Da Hilo auf der am
weitesten gegen Osten vorgeschobenen Hauptinsel des hawaiischen
Königreichs liegt, und die Entfernung nach San Francisco von
dort 150 Seemeilen geringer ist, als von Honolulu, so ist Aussicht vorhanden, daß sich jene Stadt einst zu einem ansehnlichen
Hafenplatz emporschwingen wird, zumal sich viele große Zuckerpflanzungen in der unmittelbaren Nähe des Ortes befinden.
Bis jetzt werden alle Landeserzeugnisse über Honolulu nach
auswärts verschifft, und es nehmen sowohl die Wareneinfuhr
als der Personenverkehr denselben Weg. Eine Dampfschifffslinie
zwischen Hilo und San Francisco wurde bereits geplant; aber
mit der Ausführung eines solchen Unternehmens hat es vorläufig
gute Wege, da für die Verbesserung des Hafens noch gar nichts
gethan ist.

Die Lage und die Umgebung von Hilo sind echt tropisch.
Palmen und Brotfruchtbäume stehn vor jeder Thür der hölzernen
Häuser, die sich in einem Halbkreise an das Ufer lehnen. Die
tropischen Waldungen in der unmittelbaren Nähe des Ortes, die
großen Zuckerpflanzungen, der prächtige „Regenbogen"-Wasserfall,
die Kokosinsel, die Aussicht auf die felsige Küste und das blaue
Meer, die mächtigen Lavafelder u. s. w. gewähren dem Fremden
eine Fülle von neuen Eindrücken. Er braucht auch gar nicht,
wie die Eingeborenen es zu thun pflegen, dort die halbe Zeit zu
verschlafen, — wenn nur nicht der für einen civilisierten Menschen
kaum zu ertragende ewige Regen da wäre! Der Regenfall sollte
dort nach Fuß, nicht nach Zoll berechnet werden. Vom 1. Januar
bis zum 1. November 1887 fiel in Hilo z. B. 14 Fuß Regen!
und da die Monate November und Dezember die regnerischsten
Monate im Jahre sind, so wird das Jahr 1887 ohne Zweifel

die Durchschnittsziffer von 20 Fuß Regen erreicht haben.
Infolge des fast unaufhörlichen Regens ist der Pflanzenwuchs
im Hilo-Distrikt außerordentlich üppig, und es mag wenige
Gegenden auf der Erde geben, wo sich jener so dicht zeigt wie
hier. Wer sich zu Pferde ins Innere der Insel begeben will,
der kann nur auf Saumpfaden fortkommen, selbst nicht über die
Ebenen, die von dem mannshohen sogenannten Hilo-Gras so
dicht überwuchert sind, daß kein Pferd hindurchschreiten kann.

Als ich bei Tagesanbruch aufstand, um Hilo vom Verdeck
des Dampfers zu betrachten, goß es dermaßen vom Himmel
herab, daß ich nur einige Kokospalmen und wenige Häuser am
Ufer zu erkennen vermochte. Den Riesenvulkan Mauna Loa
hatte ich bis jetzt noch gar nicht gesehn. Derselbe steht, obgleich
er 30 engl. Meilen (48 km) landeinwärts liegt, mit Hilo in
unmittelbarer Verbindung, weil mehrere seiner gewaltigsten Lavaströme die Richtung nach dieser Stadt nahmen und ihr sehr
nahe kamen. Der Ausbruch, welcher unter allen, die sich bis
jetzt ereigneten, für Hilo weitaus der gefährlichste war, fand im
Jahre 1880 statt, als ein neun Monate lang ununterbrochen
fortfließender, fast 50 engl. Meilen (80 km) langer Lavastrom
jenen Platz beinahe erreichte.

Langsam wälzte sich die ungeheure Glutmasse vom Mauna
Loa herab, gerade auf Hilo zu. Es war ein feuriges Ungeheuer,
das mit einem wahren Schneckengang vom Berge herunterkroch.
Ohne sich zu übereilen, gleichsam Schritt vor Schritt, drang
der gewaltige Feuerstrom vorwärts. Er füllte Thäler und Fluß-
läufe aus, zerstörte die auf seinem Pfade liegenden Urwälder,
die spurlos in ihm verschwanden, und überschüttete das Land
weit und breit mit schwarzen Steintrümmern und Lavaschollen.
Ungefährdet konnte man an seinem Ufer stehn, oder vor ihm
herspazieren und einen Stock in die dicke glühende Masse hinein-
stecken; seine Oberfläche erkaltete so rasch, daß man schon nach

einem Tage über sie hinwegzuschreiten vermochte. Aber der Kopf des höllischen Ungeheuers schob sich viele Monate lang unausgesetzt weiter vorwärts, als wäre dieses darauf erpicht, Hilo zu erreichen.

Sämtliche erwachsene Bewohner des Hilo-Distrikts waren mit Hacken, Schaufeln und eisernen Brech- und Hebestangen dem nahenden Verderben mehrere Meilen entgegengerückt und errichteten, schräge gegen den Lavastrom, einen langen und hohen mächtigen Steinwall, um die lebendige Glutmasse womöglich seitwärts von der Stadt in das Meer zu leiten. Alles umsonst! Die Lava kümmerte sich nicht im geringsten um den großen Steinwall, sondern sie spazierte, ohne von ihrer Richtung abzuweichen, darüber hinweg, gerade auf Hilo los. Da erschien als Retterin in der Not die Prinzessin Ruth aus Honolulu. Die volle 300 Pfund wiegende Schwester Kamehamehas V. opferte der Göttin Pele mit einer grausigen Beschwörung ein lebendiges schwarzes junges Schwein, einen lebendigen schneeweißen Hahn und ein rotes baumwollenes Taschentuch, welche Opferstücke sie eigenhändig in den Lavastrom warf — und siehe da! dieser gelangte, nur 300 Schritt von den Thoren Hilos, plötzlich zum Stillstand. Die Stadt, aus welcher bereits alle Einwohner geflüchtet waren, wurde auf diese Weise vor einem schrecklichen Schicksal bewahrt. Daß die seitdem selig entschlafene Ruth als Schutzheilige von Hilo gilt, ist nach jenem offenbaren Wunder gewiß ganz in der Ordnung. *)

---

*) Die Lavaströme des Mauna Loa in den Jahren 1852 und 1855 standen ebenfalls in ihrem Lauf ungefähr 6 engl. Meilen (10 km) von Hilo plötzlich still. Dies läßt sich dadurch erklären, daß die Landschaft in der Umgebung jener Stadt eine weite Ebene bildet, auf welcher sich die allmählich dicker werdende flüssige Lava bei dem nahezu erschöpften Druck des weit entlegenen Ausbruchskraters nicht mehr fortzubewegen vermochte.

Nachdem der Kinau die letzten Japaner und deren wunder-
bares Gepäck endlich in Böten glücklich an das Land befördert
hatte, verstummte der Aufruhr im Schiff; nur der Regen prasselte
nach wie vor auf das Verdeck. Froh war ich, als der Dampfer
den Anker aufhißte und seine Weiterreise nach dem Landungsplatze Keauhou antrat, der 60 engl. Meilen (96 km) von Hilo
an der Südostseite der Insel Hawaii liegt. Mit Ausnahme
einiger hübschen Wäldchen von Kokospalmen war während der
Fahrt dorthin am Ufer nichts Bemerkenswertes zu sehn. Um acht
Uhr morgens hielten wir in geringer Entfernung vom Strande
vor Keauhou (250 engl. Meilen = 402 km von Honolulu), wo
wir vier Vulkanreisende nebst einem uns als Diener begleitenden
Kanaken in Böten bei einem bis an das Meer reichenden alten
Lavafelde an das einsame Ufer gesetzt wurden. Der Kinau
fuhr bald darauf nach Hilo zurück, von wo er in zwei Tagen
wiederkommen und uns zur Weiterfahrt abholen sollte.

Der Regen hatte zeitweilig aufgehört, so daß wir mit
trockener Haut über das zerrissene Lavafeld nach dem einzelnen
Hause gelangten, welches den lediglich für die Bequemlichkeit der
Vulkanreisenden eingerichteten Landungsplatz Keauhou bildet.
Im Stationshause waren nur einige Kanakamädchen anwesend.
Der Agent der Dampfschiffsgesellschaft, ein Yankee aus Neu-
England, dessen Familie im Halbweghaus zwischen Keauhou und
dem Vulkan wohnte, kam bald darauf im Galopp vom Gebirge
herunter und quer über die Lavafelder nach der Station gesprengt.
Er hatte auf der Höhe, wo er einige dort umherirrende Ponies
einfangen wollte, unseren Dampfer kommen sehn und empfing
uns herzlich. Vorerst mußten Reitpferde herbeigeschafft werden,
weil man auf unsere Ankunft nicht vorbereitet war. Eine
Kanakadirne schwang sich auf einen ungesattelten Pony, der
giftig hinten und vorne ausschlug, und jagte über die rauhen
Lavaschollen in die Wildnis hinaus, um Reitpferde zu holen.

Bis diese anlangten und während ein einfaches Mal zubereitet wurde, erzählte unser Wirt uns von Erdbeben und Lavaausbrüchen, von seiner Vergangenheit und von seinem Thun und Treiben in dieser einsamen Gegend. Jahrelang hatte er als „cowboy" in Colorado und Arizona gelebt. Hier gefiel es ihm ganz gut. Schlecht zu sprechen war er eigentlich nur auf die vielen Haifische, die sich in der Nähe des Landungsplatzes in der See herumtrieben. Das Baden wäre ihm ganz verleidet worden, seit ein gefräßiger Hai dort vor kurzem einem Kanaken beide Hände und eine Ferse abgebissen hätte. Zu sehen gab es nicht viel in Keauhou. Wir betrachteten das große schwarze Lavafeld und das steile Gebirge, welches wir erklimmen sollten, nahmen einen Imbiß ein und waren froh, als das Kanakamädchen eine Schar Ponies herbeitrieb, das Gepäck auf dem Rücken der Tiere mit Stricken festgeschnallt war und wir die Weiterreise antreten konnten.

. Es war Mittag geworden, ehe unsere kleine Schar, die aus zwei Amerikanerinnen, einem jungen Amerikaner, einem Kanaken vom Kinau, der uns hilfreiche Hand leisten sollte, dem Agenten und mir — also aus sechs Personen — bestand, endlich im Sattel saß, die Damen, trotz ihres Widerspruchs, auf Herrensätteln, und Reiter und Reiterinnen sich in aufgelöster Reihe vom Stationshause über das entsetzlich rauhe Lavafeld auf dem Saumpfad nach dem Gebirge in Bewegung setzten. Die Packtiere sollten später unter der Obhut eines in der Station beschäftigten Kanaken auf einem kürzeren, aber noch schwierigeren Wege nach dem Halbweghaus getrieben werden. Der gewaltige, ganz nackte Lavastrom, über welchen der Saumpfad, der nicht auf den Namen eines Reitwegs Anspruch machen konnte, hinführte, hatte das Land vom Gebirge bis zum Meere weit und breit überschwemmt. Er rührte von einem unterirdischen Ausbruche des Kilauéa her, der sich in vorgeschichtlicher Zeit ereignet hat. Die merkwürdig niedrige Lage dieses Lavafeldes, das sich nur wenige Fuß über dem Meeresspiegel fast in einer Ebene ausdehnt, wird durch eine große und plötzliche Senkung der Küstenlinie erklärt. Die erkaltete Lava lag neben- und übereinander, als wäre hier eine Feuerwoge auf die andere gefolgt. Das Lavafeld bestand zum größten Teil aus der von den Eingeborenen mit dem Namen Pahoehoe bezeichneten Lava, die einigermaßen wegsam ist und aus einer schmutzigen Masse und nicht sehr harten Schlakenhaufen besteht; damit wechselte ab und zu das sogenannte A-a ab, steinartige Trümmer, welche von unseren Ponies sorgfältig vermieden wurden. Daß der Boden an vielen Stellen unterhöhlt war, bewies der dumpfe Schall, den die darauf tretenden Hufe unserer Pferde verursachten.

Bald wurde die Sonne, welche kurze Zeit geschienen hatte, wieder von schweren Wolken verdüstert, so daß wir schleunigst unsere Gummimäntel anzogen. Der Agent erfreute uns mit der Nachricht, daß es bald „Heugabeln" (pitchforks) regnen würde! Einige schwere Tropfen bewiesen die Richtigkeit seiner Behauptung. Als ich vorsichtshalber meinen Schirm, den ich von San Francisco mitgebracht hatte, aufspannen wollte, schrie mir der Yankee zu, dies, falls mir meine Knochen lieb seien, hübsch bleiben zu lassen. Meinem Pony sei ein solches Stück Möbel ganz unbekannt. Sobald ich den Regenschirm aufspannte, würde jener unzweifelhaft Reißaus nehmen und mich aller Wahrscheinlichkeit nach aus dem Sattel werfen, bei welcher Gelegenheit ich in dem Lavafeld leicht Hals und Bein brechen könnte. Auch sei ein Regenschirm auf der Insel Hawaii ganz überflüssig, da nicht zehn Schirme, wenn es hier einmal ordentlich regnete, einen trocken zu halten vermöchten. Daß ich meinen Regenschirm unter so bewandten Umständen nicht aufspannte, sondern denselben lieber als Peitsche benutzte, wird der Leser begreiflich finden.

Der Saumpfad, den der ehemalige Kuhjunge aus Arizona als vortrefflich bezeichnete, ließ nach meiner Meinung an Schlechtigkeit nichts zu wünschen übrig. Nach einem mühsamen Ritt von vier englischen Meilen (6⅖ km) hatten wir endlich das große Lavafeld überschritten und erreichten den ersten etwa tausend Fuß hohen Abhang (Pali), den wir auf einem Zickzackpfad erklommen. Wir befanden uns gerade zwischen einem wahren Felsgewimmel, durch welches sich unsere Ponies mit Mühe und Vorsicht bergauf bewegten, als ein wolkenbruchartiger Regen vom Himmel herabprasselte. Der Gummimantel schützte nur meinen Oberkörper; meine Beinkleider sahen in kurzer Zeit so aus, als wären sie soeben aus einer Waschbütte hervorgezogen worden, während sich das Wasser in meinen Stiefeln auf eine lästige Weise ansammelte. Der Regen fiel nicht etwa von oben herab, sondern er kam in breiten Lagen wuchtig von der Seite herübergepeitscht. Auf dem zweiten, ebenfalls tausend Fuß hohen Pali begrüßte uns ein womöglich noch heftigerer Platzregen, der mich an ähnliche Regengüsse erinnerte, die ich vor vielen Jahren in Nicaragua und auf dem Isthmus von Panamá erlebt hatte. Das sich über uns und zu beiden Seiten in langer Linie auftürmende bewaldete Gebirge, die tief hinter uns die Ebene bedeckenden wüsten Lavafelder, die großartige Fernsicht auf das von der weißen Brandung umsäumte Gestade und auf das weite blaue Meer, der peitschende Regen, Sturm und Sonnenschein und ein prächtiger doppelter Regenbogen: dies alles verlor vollständig seinen Reiz für uns ganz durchnäßte Vulkanfahrer. Der mit losen Steinen übersäte, lehmige Saumpfad war durch den Regen so schlüpfrig geworden, daß unsere Ponies nur mit äußerster Mühe vorwärts gelangen konnten. Nicht einmal eine große Herde von wilden Ziegen, die plötzlich in unseren Gesichtskreis trat und einen steilen Abhang eilig emporkletterte, vermochte unsere Aufmerksamkeit zu fesseln. Diese Ziegen werden nur ihrer Felle wegen getötet. Die Kanaken verfolgen die flüchtenden Tiere so lange im schnellen Lauf bergauf und bergab, bis diese vollständig ermüdet sind, von ihnen ereilt und mit Messern niedergestoßen werden. Im Jahre 1886 wurden 4000 wilde Ziegen auf diese Weise im Keanhou-Distrikt getötet.

Nach einem Ritt von sechs engl. Meilen (9⅗ km), die schier kein Ende nehmen wollten, erreichten wir das Halbweghaus, wo die Packtiere bereits vor uns eingetroffen waren. Eine Stunde lang ruhten wir uns dort aus, gossen das Wasser aus unseren Schuhen und Stiefeln und trockneten, so gut es ging, die Kleider. Der Yankee-Agent, der eine Eingeborene geheiratet hatte, lebte in dieser einsamen Wohnung mit seiner chokoladefarbenen Frau und drei gesunden hellbraunen Kindern nebst einigen Kanaka-Knechten, welche die Stallungen u. s. w. auf der „Ranch" in Ordnung halten mußten, ganz zufrieden. Mit seiner Ehegattin, die kein Wort englisch verstand, redete der Yankee ausschließlich hawaiisch; die Kinder dagegen bedienten sich meistens der englischen Sprache. Nur wenn Reisende in Keanhou eintrafen, und gelegentlich im Gasthaus beim Vulkan, sah der Agent weiße Gesichter. In der Familie ging es hoch her, weil der Papa einige Geschenke für das nahe Weihnachtsfest, die mit dem Kinau aus Honolulu angelangt waren, sozusagen auf Abschlag unter die Kinder verteilte. Ein vierjähriger Junge ließ einen durch eine Springfeder in Bewegung gesetzten Esel mit solchem Jubel in der Wohnstube hin und her laufen, daß es eine Freude war, ihm zuzusehen.

In mehreren rot angemalten zweirädrigen Karren (breaks) mit sehr niedrigem Sitz und hohen Rädern, welche Gefährte man vermittelst einer Klappthür von hinten besteigt, setzten wir unsere Reise nach dem noch acht engl. Meilen (13 km) entfernten Vulkan fort. Nichts erinnerte uns bei dieser Fahrt daran, daß wir uns hier auf einem Gebirge, fast 4000 Fuß über dem Meere befanden; nicht einmal ein Hügel war zu fehn, und der Fahrweg stieg ganz unmerklich empor. Der mit schwarzem vulkanischem Sand bedeckte Boden war zu beiden Seiten der Straße mit Ohiabäumen, die herbe schmeckende, den wilden Äpfeln ähnliche Früchte tragen, und mit Farnkräutern dicht bewachsen.

Unter den Farnkräutern fielen die prächtigen Pulu-Farne (Cibotium), die auf der Insel Hawaii in Menge angetroffen werden, sowohl durch ihre Größe als durch ihren Blätterschmuck besonders ins Auge. Die Pulu-Farne sind förmliche Bäume, mit acht bis zehn Fuß langen Wedeln (fronds) und einem Stamm drei bis vier Zoll im Durchmesser. Das zarte Grün, in allen Schattierungen von hell- bis dunkelgrün, das die Blätter je nach ihrem Alter in verschiedener Färbung zur Schau tragen, ist wunderschön. In früheren Jahren bildete Pulu, das aus der wolligen Hülle der jungen Triebe (Spreublättchen) gewonnen wird, einen namhaften Ausfuhrartikel der Sandwichinseln und wurde in Californien und Oregon viel dazu benutzt, um Matratzen damit auszustopfen. Die Puluwolle besitzt aber die unangenehme Eigenschaft, daß sich viel Ungeziefer in ihr einnistet; auch zerfällt sie nach längerer Benutzung in Staub. Als man in Californien und Oregon nichts mehr von Pulu wissen wollte, wurde dasselbe eine Zeitlang nach Australien verschifft. Die Antipoden haben aber auch bereits ihre Kenntnisse über Puluwolle erweitert, und es hat der Gebrauch derselben jetzt so ziemlich aufgehört.

Es war Abend geworden, als das langgestreckte niedrige Dach des Volcano-House endlich zwischen den Bäumen vor uns auftauchte. Rings um dasselbe stiegen dichte Dämpfe an vielen Orten aus dem Boden empor. Im strömenden Regen erreichten wir bald darauf das ersehnte Gasthaus, wo wir zunächst uns bemühten, unsere durchnäßten Kleider an einem riesigen Kaminfeuer zu trocknen. Der Wirt erzählte mir, daß hier in zwei Tagen und in einer Nacht 13 Zoll Regen gefallen sei!

Da der Regen noch immer fortdauerte, so verzichteten wir groß-
mütig darauf, noch in dieser voraussichtlich stockfinsteren Nacht
mit einem Führer in den 500 Fuß tiefen Krater hinabzusteigen,
wozu unsere Fahrkarte uns berechtigte. Wir beeilten uns aber,
ehe es dunkel wurde, noch einen Blick in den Kilauéa zu werfen,
dessen Nordrand kaum fünfzig Schritt vom Gasthause entfernt
lag. Gar keine Ähnlichkeit hatte jener mit dem Vesuv, auf dessen
Gipfel ich im Mai 1883 stand. Nicht ein Kegelberg lag vor
uns, sondern es erstreckte sich in der Tiefe eine wie mit Schlamm
bedeckte, von hohen Felshängen ringsum eingeschlossene weite
Niederung. An vielen Stellen dampfte der Boden des ungeheuren
Kraters. Fernab lag in demselben ein von dichtem Rauch um-
wogtes kleines Gebirge, welches mitunter unheimlich aufleuchtete.
Nach dem Abendbrot traten wir noch oft auf die Veranda hinaus und betrachteten die bald hellere, bald mattere Glut der
entlegenen Lavaseen. Nachdem wir unsere Kleider am lodernden
Kaminfeuer einigermaßen getrocknet hatten, suchte ich mein Nachtlager auf und träumte von der Göttin Pele und ihrem Feuerschloß bis an den lichten Morgen.

Achtes Kapitel.

Das Panorama des Kilauéa. — Der Mauna Loa und der Mauna Kea. —
Die Caldéra des Kilauéa. — Die Umgebungen des Volcano-House. — Der
Abstieg in den großen Krater. — Ein Spaziergang von drei Meilen über
Lava. — Der „kleine Bettler". — Peles Haar. — Pele und ihre Geschwister.
— Lästige Schwefeldämpfe. — Der große Lavasee. — Der Halemaumau. —
Ein waghalsiger Kanake. — Der Feuersee bei Nacht. — Im Finstern durch
den großen Krater.

Sonnenschein am Kilauéa! — Wie ganz anders als am
vergangenen regnerischen Abende sah der gewaltige Krater in
seiner urwilden Umgebung am Morgen des 22. Dezembers aus,
als ich nach erfrischender Nachtruhe aus meinem Schlafgemach
in den leuchtenden Sonnenschein auf die Veranda des Volcano-
House hinaustrat! Zur Rechten des Kraters lag wie eine ungeheure umgekehrte Mulde der riesige, 13650 Fuß (4161 Meter) hohe
langgestreckte Mauna Loa (der „lange Berg" — Mauna ist
das hawaiische Wort für Berg), dessen oberste Wölbung mit
Schnee bedeckt war. Einen ähnlichen Berg sah ich noch nirgends
in der Welt. Ganz allmählich stieg der meilenlange Vulkan
empor, ohne einen ins Auge fallenden Grat zu bilden. Der
Berg lag scheinbar so nahe, daß es kaum glaubhaft schien, sein
Gipfel sei eine volle Tagereise entfernt und erhebe sich mehr als
9000 Fuß über meinem Standpunkt. Die Grenze der Waldzone
am Mauna Loa konnte ich ganz deutlich erkennen. Sein Haupt-

Krater, Makuawéowéo genannt, liegt auf der breiten Gipfelfläche und ist etwa drei engl. Meilen (4⁴/₅ km) lang und fast zwei engl. Meilen (3¹/₅ km) breit, mit einer Tiefe von etwa 800 Fuß. Wenige Schritt vom Gasthause gelangte ich an einen Punkt, wo der Mauna Kea (der „weiße Berg") im Nordwesten hervortrat. Die mehrfach gegipfelte, gleichfalls mit Schnee bedeckte Zinne jenes höchsten Berges auf den hawaiischen Inseln erhebt sich 13805 Fuß (4209 Meter) über den Meeresspiegel. Der 8275 Fuß (2523 Meter) hohe Huálalai, der vierte unter den Riesenvulkanen auf der Insel Hawaii, ist beim Volcano-House nicht sichtbar, weil er dort vom Mauna Loa verdeckt wird. Mauna Kea und Huálalai sind erloschene Vulkane, wogegen Mauna Loa und Kilauéa, ersterer in Pausen von wenigen Jahren, der letztere unausgesetzt thätig sind. Der Mauna Loa ist der größte thätige Vulkan auf der Erde.

Der Krater des Kilauéa bildet ein ziemlich regelmäßiges längliches Rechteck von etwa neun engl. Meilen (14¹/₂ km) im Umfang, mit senkrechten Felswänden, die nur an der schmäleren Nordseite eine weite Öffnung mit schrägem Absturz frei gelassen haben, durch welche man auf den Boden gelangen kann.

Die Veranda des Volcano-House (an der Nordostseite des Kraters) befindet sich 4040 Fuß (1232 Meter) über dem Meeresspiegel, der Boden des Kraters liegt 487 Fuß tiefer als der Fußboden der Veranda. An der westlichen Längenseite haben seine Felshänge eine Höhe von 630, an der südlichen und östlichen Seite eine Höhe von 300 bis 600 Fuß. Augenscheinlich verdankt der große Krater seine Entstehung dem Einsturz einer Erdkruste, die wahrscheinlich einst von einer unter ihr lagernden flüssigen Lavamasse getragen wurde. Durch einen unterirdischen Abfluß der Lava verlor die Decke ihren Halt, stürzte ein und bildete so den jetzigen Krater. Von dem ausgezeichneten amerikanischen Geologen C. E. Dutton, der im Auftrage seiner Regierung die hawaiischen Inseln bereiste, um die dortigen Vulkane zu studieren,[*] wurde einem solchen Einsturzkrater im Gegensatze zu einem Auswurfskegel der spanische Name Caldéra (ein Kessel) beigelegt, welche Bezeichnung jetzt die übliche ist. Ursprünglich hatte der Krater des Kilauéa eine viel größere Tiefe, als er gegenwärtig zeigt. Im Jahre 1840 waren die ihn einschließenden Felshänge noch 1200 Fuß hoch). Durch zahlreiche, sich fast in jedem Jahre wiederholende Überschwemmungen aus den verschiedenen Lavaseen wurde die große Einsenkung mehr und mehr ausgefüllt. Der amerikanische Geologe Wilkes sah nach seiner Schätzung nicht weniger als fünfzehn Millionen Kubikfuß Lava in einer einzigen Nacht aus einem der Lavaseen strömen, so daß die Zeit vielleicht nicht mehr fern liegt, wann die Caldéra des Kilauéa in ihrer jetzigen Gestalt verschwunden sein wird.

Da wir erst am Nachmittage in den Krater hinabsteigen sollten, so benutzte ich das herrliche Wetter (mittags zeigte das Thermometer im Schatten auf der Veranda des Gasthauses 70° F. = +17° R.) teils zu Spaziergängen, teils dazu, um mich über den Kilauéa etwas näher zu unterrichten. Der freundliche Wirt, ein Amerikaner mit Namen Maby, der über alles, was den Vulkan betraf, genau Bescheid wußte, gab mir unaufgefordert manche hochinteressante Auskunft über denselben, worauf ich später zurückkommen werde. Auch entdeckte ich eine ausgezeichnete Quelle der Belehrung in den Fremdenbüchern, worin namhafte amerikanische Geologen seit einer Reihe von Jahren ausführliche Berichte über die Vulkane Hawaiis eingetragen hatten. Wie ich bereits bei meiner Ankunft im Volcano-House wahrgenommen hatte, steigen an vielen Stellen in der Nähe des Gasthauses heiße Dämpfe aus dem Boden empor. Es sind dies teils Wasser-, teils Schwefeldämpfe. Letztere umwogten namentlich einen an-

---

[*] Siehe „Report of the U. S. Geological Survey“, Band IV.

sehnlichen gelben Schwefelberg, bei welchem eine einfache Badeanstalt liegt. Die Dampfbäder, welche jedem Fremden frei zur
Verfügung stehen, sollen gegen rheumatische Beschwerden von
großer Wirksamkeit sein. Der Boden ist in der Nähe des
Volcano-House in einer Tiefe von nur sechs Fuß fast überall
so heiß, daß man denselben dort nicht zu berühren vermag und
sogar ein Topf mit Wasser sich in ihm bis zum Sieden erhitzt.
Wir wandelten und wohnten hier augenscheinlich auf einem
Feuerherd, der allerdings eine ziemlich feste Decke hatte, sich
aber ungemütlich dicht unter unseren Füßen befand.

Den schönsten Blick auf das Panorama des Kilauéa und
seine Umgebung entdeckte ich auf einer unterhalb des Gasthauses
stehenden Ruhebank, in deren Nähe heiße Wasserdämpfe aus dem
Gestein hervorbrachen. Einen lieblichen Vordergrund bildete der
mit wilden Rosen und mit grünen Büschen und Farnen dicht
bewachsene Abhang. Über den grauen und bräunlichen tief unten
liegenden schollenartigen Kraterboden glitten die Schatten der
im blauen Äther schwebenden Wolken langsam hin. In einer
Entfernung von etwa drei engl. Meilen (5 km) lag der Halemaumau, eine vielgezackte, von weißem Dampf dicht umwogte
Klippeninsel, in dem Lavameer. Zur Rechten blickte der Mauna
Loa mit blinkendem Haupte im hellen Sonnenlichte auf das
wüste, großartige Bild majestätisch herab. Es war dies ein
Ruheplatz, der für poetische Träumereien wie geschaffen schien.

Um zwei Uhr nachmittags war unsere kleine Gesellschaft
marschfertig, um unter der Führung eines ortskundigen Kanaken
in den Krater hinabzusteigen. Die Gummimäntel nahmen wir
mit, weil ein Regenbogen andeutete, es sei wieder nasses Wetter
im Anzuge. Ein starker Stab, eine Laterne und für den Notfall
ein Imbiß und Flaschen mit Trinkwasser vervollständigten unsere
Ausrüstung. Die Laternen, von welcher jeder von uns eine tragen
mußte, sollten dazu dienen, den Weg in der Nacht bei unserer

Heimkehr durch den finsteren Krater etwas zu erleuchten. Bald befanden wir uns auf dem gewundenen Bergpfad, der an dem mit Büschen und Farnkräutern dicht bewachsenen fast 500 Fuß hohen Abhang hinunterführte. Der Kanake brach zunächst einige Halme von dem hier in Menge wachsenden schilfartigen Silver-Sword-Gras (Peineyo — eine Art Astelia) ab und riß von der Binnen-seite der Blätter lange silberglänzende Streifen los, die wir in unseren Knopflöchern oder am Hutrand befestigten und im Winde flattern ließen. Mit diesen sogenannten „Lilien des Kilanéa" schmücken sich alle Vulkanfahrer. Der Abstieg auf dem bequemen gewundenen Wege ward schnell bewerkstelligt. Wir befanden uns jetzt am unteren Rande des eigentlichen Kraters, eines wie im Sturme erstarrten Lavameeres, das den Boden des Kilauéa weit und breit bedeckte.

Unserem Führer in aufgelöster Reihe folgend, traten wir von dem Sandboden auf die erkaltete Lava und marschierten gerade auf den schon öfters genannten Halemauman (das Haus des ewigen Feuers) los, der sich dampfend vor uns aufstürmte. Der Ausdruck marschieren ist hier eigentlich nicht gut gewählt; es war vielmehr ein abwechselndes Klettern, Gleiten, Kriechen, Schleichen, Schreiten und Springen, mit eifrigem Bemühen, das Gleichgewicht nicht zu verlieren, wo-durch sich unsere Bewegungen kennzeichneten. Die Lava, über welche sich der kaum zu erkennende Pfad hinzog, war zum größten Teil eine ziemlich poröse Masse, die wie ausgegossene pechschwarze, graue oder dunkelbraune Melasse und in Haufen zusammen-gedrehte Taue und Knäuel aussah, das schon früher erwähnte Pahoehoe, oder sie bestand aus scharfkantigen Schollen und Trümmern, dem höchst unangenehmen A-a, das unsere Stiefel-sohlen zerschnitt, und bildete streckenweise dicht neben ein-ander liegende feste und glatte kleine Hügel. Einige Flächen, welche durch den Niederschlag von Schwefeldämpfen braunrot gefärbt waren, sahen von ferne so aus, als beständen sie aus glühender Lava.

Mühsam mußten wir uns zwischen Hügeln und über große und kleine Schollen, die aufeinander gehäuft dalagen, vorwärts bewegen. Stellenweise war die Lava zu förmlichen Bergen aufgetürmt, oder ihre Decke war eingestürzt und es zeigten sich zahlreiche schmälere und breitere Spalten, Löcher, ansehnliche Höhlen und förmliche Schlünde. Der Kraterboden des Kilauéa besteht nämlich durchaus nicht aus einer dichten Masse, sondern er ist infolge der sich öfters wiederholenden Überschwemmungen aus den Feuerseen, und des zeitweiligen Verschwindens der flüssigen Lava unter ihm auf weiten Strecken unterhöhlt. Die ungleichmäßige Abkühlung der glühenden Massen ist eine der Hauptursachen der zahllosen Spalten und Risse im Lavabett. Zur Zeit meines Besuchs vermehrte sich die flüssige Lava wieder sehr schnell und füllte die Höhlungen von neuem aus. An anderen Stellen war der Boden mit einer dünneren Schale von lockerer grauer Lava bedeckt, die Ähnlichkeit mit schmutzigem gefrorenen Schnee hatte und leicht zerbröckelte, wenn wir über sie hinwegschritten. Daß der Boden unter unseren Schuhsohlen oft unangenehm warm war, daß wir gelegentlich in eine heiße Dampfwolke hineingerieten, oder plötzlich durch die lockere Kruste hindurchtraten, trug auch nicht zu unserem Wohlbehagen bei. Genug, es war dies ein sehr ermüdender und recht unangenehmer Marsch von etwa 2½ engl. Meilen (4 km), der schier kein Ende nehmen wollte, obgleich wir dem Halemaumau, den wir scharf im Auge behielten, allmählich näher kamen.

Endlich standen wir auf einer ansehnlichen Höhe von grauer, sehr poröser Lava. Unter uns dehnte sich eine breite Niederung aus, welche den jenseits derselben liegenden, heftig dampfenden Halemaumau im weiten Halbbogen umspannte. Augenscheinlich lag der Feuerherd dicht unter jener mit einer dünnen Lavakruste bedeckten Niederung, welche an vielen Stellen die unter ihr verborgene Glut durchschimmern ließ. Höchst unterhaltend war ein sich dort in voller Thätigkeit befindender, nur etwa zehn Fuß hoher schmaler Ausbruchskegel, der fortwährend, mit dem puffenden Geräusch einer Dampfmaschine, kleine Mengen von blutroter Lava ausspie. Ab und zu flogen seine silbern aussehende Fädchen, bald einzeln, bald mehrere von ihnen vereint, aus diesem „Baby"-Krater, welcher den Namen: Der kleine Bettler führt, weithin durch die sonnige Luft und blieben an dem entlegeneren Gestein hängen: das sogenannte Peles Haar. Über die Entstehung dieser Fädchen, welche fein gesponnenem Glas ähnlich sehn, ist man nicht recht im klaren. Sie scheinen aus Asbest mit Schwefelverbindung zu bestehn. Diese vulkanische Wolle sondert sich wahrscheinlich in ganz kleinen Teilen von der heftig emporgeschleuderten flüssigen Lava ab, wird vom Winde fortgeführt und in der Luft gleichsam ausgesponnen. Bei großen Ausbrüchen fliegt Peles Haar, das, soviel ich weiß, nur im Kilauéa und Mauna Loa vorkommt, viele Meilen weit in Menge hoch durch die Luft und wurde schon auf Schiffen gefunden, die in bedeutender Entfernung von der Küste Hawaiis fuhren. Wir sammelten eifrig soviel von diesen sich nicht immer hier zeigenden Silberfädchen, als wir zu erlangen vermochten, und verwahrten den kostbaren Stoff sorgfältig zwischen Papier, während unser Führer eine kleine Blechbüchse damit füllte. Die zarten Fädchen klebten ziemlich fest an dem vulkanischen Gestein und mußten behutsam von demselben losgelöst werden, verloren aber leider ihren ursprünglichen Glanz, als wir sie in größerer Menge aufeinander legten und zusammen preßten.

Pele (Pelle), deren Haar aus diesen Silberfädchen besteht, ist der Name der Vulkangöttin, die nach dem alten Glauben der Eingeborenen Hawaiis im feurigen Schlunde des Halemaumau wohnt. In englischen Reiseschilderungen wird sie gewöhnlich Madame Pele genannt, eine Bezeichnung, die ungefähr ebenso passend ist, wie Madame Juno oder Madame Proserpina. Pele ist eine gewaltige Göttin, die mächtigste unter allen Unsterblichen, auf deren Wink sich die Erde spaltet und verheerende Lavaströme ausspeit. Wenn sie zürnt, wanken die Berge, und es erzittert die Inselwelt Hawaiis. Die grellaufleuchtenden vulkanischen Blitze sind die Glut ihrer Augen, die erbebende Erde zeugt von der Wucht ihrer Schritte, das umherfliegende Haar rauft sie sich im Zorne aus. Um die Göttin, welche durch die geringsten Kleinigkeiten beleidigt wird, zu versöhnen, oder sie in eine freundliche Stimmung zu versetzen, wurden ihr ehedem von den Eingeborenen häufig Opfer dargebracht. Wertvolle Gegenstände aller Art, Früchte, lebendige Tiere, namentlich ganze Herden Schweine, warf man in den Lavaschlund hinein. Am liebsten war es ihr, wenn einige hundert Kriegsgefangene als Opfer in den glühenden Pfuhl des Halemaumau hineingestoßen wurden. Dann schwamm sie fröhlich in der feurigen Flut hin und her, oder sie tanzte vor Freude auf den blutroten Lavawogen.

Peles Geschwister, welche bei ihr im Halemaumau wohnen, sind kaum weniger furchtbar als sie, gehorchen aber ihrem leisesten Wink. Da sind z. B. Ke-o-ahi-kama-kaua, der feuerschleudernde Kriegsgott; Makole-wawahi-waa, der Böte-Zertrümmerer mit den Feueraugen; Hiaka-wawahi-lani, der Wolkenträger, der den Himmel zerreißt; Kamahu-alii, der König der erstickenden Dünste; Kane-hekili, der Donnergott, und andere streitsüchtige Götter, die sozusagen Peles Leibgarde bilden. Ein schlimmer Widersacher von ihr war Kamapuaa, ein riesiger Meergott, halb Schwein und halb Mann. Dieser hatte die Frechheit, ihr, als er sie einst im Kilauea besuchte, einen Liebesantrag zu machen, und als sie ihn schnöde abwies, versuchte er es, sie zu ersäufen. Dies wäre ihm auch gelungen, wenn ihre Diener das

Wasser nicht ebenso schnell ausgetrunken hätten, als jener es in den Krater goß. Zuletzt trieb ihn Pele mit Felsblöcken und Feuerwogen wieder in das Meer zurück, wo sie ihm noch zuweilen mit mächtigen Lavaströmen auf den Leib rückt. Früher pflegte Pele mit den Sterblichen zu verkehren, sie half solchen Häupt-lingen, die in ihrer Gunst standen, bei den Kriegszügen, welche jene unternahmen, z. B. Kamehameha dem Großen und Kalani, dem Könige von Oahu. Zu Zeiten konnte sie in der That recht liebenswürdig sein, was alles von den alten Dichtern Hawaiis in unzähligen Liedern und Legenden verherrlicht wurde. Seit der Christengott die Herzen ihrer braunen Kinder bethört hat, giebt Pele sich nicht mehr persönlich mit den Menschen ab. Ihre gewaltige Kraft hat sich aber nicht vermindert; das beweisen die furchtbaren Ausbrüche des Mauna Loa und des Kilauéa in jüngster Zeit zur Genüge. Und ihr seidenes Haar, das immer noch durch die Lüfte fliegt, zeigt deutlich genug ihre Gegenwart im feurigen Krater des Kilauéa! —

Pele schien von unserem Besuch gar nicht erbaut zu sein. Vom Halemaumau trieb sie förmliche Wolken von Schwefel-dämpfen herüber, die uns fast den Atem raubten, so daß wir rasch Nase und Mund mit Taschentüchern bedeckten. Schon ihr umherfliegendes Haar, das sie sich handvoll ausraufte, bewies ihren Unmut. Aber wir schritten, unbekümmert um den Zorn der mächtigen Göttin, wacker vorwärts auf der grauen Lava, die wie Windeis unter unseren Füßen zerbröckelte. Plötzlich gewahrten wir, als wir eine mit Schlacken bedeckte Höhe erklommen hatten, vor uns die blutroten Wogen des Lavasees, ein Bild von so packender, fremdartiger Großartigkeit, daß es sich meinem Geiste unauslöschlich eingeprägt hat. Bald hatten wir einen etwa 80 Fuß über dem Feuersee liegenden Aussichtspunkt erreicht, wo eins der größten Naturwunder auf diesem Erdball in seiner ganzen furcht-baren Erhabenheit vor unseren Augen aufgeschlossen war.

Man stelle sich einen wie eine riesige Austernschale geformten Feuersee vor, der etwa 600 Fuß lang und halb so breit sein mochte — ringsum wüste Lavafelder, von dichten Schwefeldämpfen umwogte schwarze Klippen, nackte Abstürze, Schlünde u. s. w. —, einen ins Zehntausendsache vergrößerten, mit flüssigem Metall angefüllten Schmelzofen. Zeitweise bedeckt sich die innere Fläche des Sees mit einer auf- und abwallenden schwärzlichen Kruste von rasch an der Luft erkaltender Lava, während an seinem Rande die Feuerwogen nie verschwinden. Plötzlich schlängeln sich schmale rote Linien oder breitere Spalten, ein feuriges Netzwerk, nach allen Richtungen durch die Kruste, oder es wird ein Teil derselben von flüssiger Lava überschwemmt, die aber bald wieder erkaltet. Aus den größeren Öffnungen steigen mitunter blutrote Springbrunnen bis zu einer Höhe von etwa 15 bis 20 Fuß empor. Jeden Augenblick verändert sich das Bild. Zu einer Zeit nahm das entlegenere schmälere Ufer eine volle Viertelstunde lang die täuschend ähnliche Gestalt einer lichterloh in Brand stehenden Häuserreihe, darauf die eines brennenden Schiffes an, bis plötzlich an derselben Stelle wieder eine Brandung von Feuerwogen wütete. Ab und zu verschwanden die Schollen von der zerborstenen Oberfläche vollständig in den Lavastrudeln, und der ganze See flammte in einem das Auge förmlich blendenden roten Lichtglanze. Die Feuerwogen schlugen dann mit gewaltiger Wucht, mit dem Geräusch einer Meeresbrandung nach einem Sturme, oft bis über den Uferdamm und spritzten den glühenden Gischt hoch empor. Dies dauerte aber nie länger als fünf oder höchstens zehn Minuten. Die Glut wurde matter und es bedeckte sich die innere Fläche des Sees wieder mit einer schwärzlichen Kruste, bis die Zerstörung derselben von neuem begann. Nie sah ich wirkliche Flammen emporschlagen. Die geschmolzene Lava, welche eine blutrote glänzende Farbe hat und vor ihrem Erkalten geronnenem Blut ähnlich ist, bildete ganz allein jenes höllische Feuerwerk, das wahrscheinlich durch schweflige Gase, welche mit Gewalt durch dieselbe entweichen, verursacht wird.

Der gleich jenseits des Lavasees liegende, von 400 Fuß hohen schwarzen Klippen umgebene Halemaumau war zur Zeit meines Besuchs nicht zu erreichen. In früheren Jahren konnte man über eine natürliche Brücke und durch einen Felsspalt bis in den Schlund und dicht an den Rand des dort wie in einem Kessel eingeschlossenen Lavapfuhls gelangen, der eine Länge von etwa 1000 und eine Breite von 600 Fuß hatte und sich stets in dem furchtbarsten Aufruhr befand. Ob sich dort wieder ein thätiger Lavasee gebildet hat, läßt sich nur vermuten. Aber recht warm muß es in der alten Feuerburg der Göttin Pele immer noch sein, das bewiesen die dort hin und her wogenden Schwefel- dämpfe zur Genüge.

Bis an den Rand des Feuersees zu gehn und, wie man ehedem dort und im Halemaumau zu thun pflegte, eine Münze in die flüssige, rasch daran erkaltende Lava zu drücken und jene als Erinnerung an den Kilauéa mitzunehmen, ist heute nicht rätlich. Nicht nur ist das Hinunterklettern in den tiefen Schlund sehr gefährlich, es ist auch wahrscheinlich, daß man am Ufer des Sees unvermutet von einer Lavawoge bespritzt, wenn nicht gar von einer solchen überschüttet wird. Die Oberfläche des Sees lag zur Zeit meines Besuchs im Krater mindestens zwanzig Fuß über der angrenzenden Niederung, in welcher sich der vorhin erwähnte „kleine Bettler" befindet. Durch das Überspritzen der Lava baut sich der See, der fortwährend langsam steigt, einen allmählich immer höher werdenden Uferwall, der einem sich stetig vermehrenden Druck ausgesetzt ist und über kurz oder lang zusammenbrechen muß. Dann wird der See plötzlich eine ungeheure Lavamasse in die Schlucht ergießen, und wer sich zufällig dort befindet, der ist unrettbar verloren. Die Gefahr war so augenscheinlich, daß ich nicht die geringste Lust verspürte, an den steilen Felsen hinunterzuklettern, um bis an den See zu gelangen. Der leichtfüßige Kanake schwang sich freilich an dem fast hundert Fuß hohen senkrechten Abhang von Fels zu Fels hinunter, aber ich verzichtete auf die Ehre, ihm dorthin zu folgen. Unten lief er wie ein Windhund bis an den Lavasee, er kehrte aber noch schneller wieder um, als eine große Feuerwoge dicht bei ihm über den Uferwall schlug. Dann rannte er auf dem heißen Boden der Schlucht bis nach dem „Baby"-Krater, in dessen unmittelbare Nähe er sich aber auch nicht getraute. Genug, sein Gebaren gab den deutlichsten Beweis, daß es dort unten nicht geheuer sei. Zweifelsohne war er froh, als er sich wieder oben bei uns auf einem einigermaßen sicheren Boden befand. *)

Fast drei Stunden lang hatten wir das großartige, immer wechselnde Schauspiel des tobenden Lavasees bereits betrachtet, als es zu dunkeln begann. Hoch über uns stand die silberne Mondsichel, die goldenen Sterne traten einer nach dem anderen aus der blauen Ferne hervor. Über dem Mauna Loa ballte sich

---

*) Am Lavasee und an seinen Umgebungen hat sich in neuerer Zeit manches verändert. Herr Maby schrieb mir am 11. Juni 1888 einen Brief, den ich hier in wortgetreuer Übersetzung mitteile:

„Die Gestalt des Lavasees hat sich, seit Sie ihn sahen, etwas verändert. Derselbe bildet jetzt einen Kreis von etwa 350 Fuß im Durchmesser. Seine Oberfläche liegt mehr als 30 Fuß höher als damals, als Sie auf ihn herab-blickten. Um die große Klippe des Halemaumau haben sich 10 bis 15 kleine Kegel erhoben, die Lava ausspeien, was einen viel prächtigeren Anblick als früher gewährt. Der tiefe Schlund (die Niederung, worin der kleine Ausbruchs-kegel lag), an dessen Rand Sie entlang gingen, ist bis 8 oder 10 Fuß von der oberen Felsbrüstung aufgefüllt, und es wird nicht lange dauern, bis sich die flüssige Lava über den Boden des großen Kraters ergießt. Gegenwärtig befindet sich der Kilauéa in heftiger Thätigkeit".

finsteres Gewölk zusammen und drohte mit Regen. Aber wir kümmerten uns nicht darum, denn als die Dunkelheit zunahm, wurde das Bild des Lavasees furchtbar schön und hielt unsere Sinne ganz gefangen. Jetzt war jener in der That ein Höllen=kessel, wie ihn sich selbst Dante schwerlich vorgestellt hat! Doppelt laut hallte der wuchtige Schlag der Lavabrandung durch die stille Nacht; die den zerklüfteten Halemaumau umwogenden Dampfwolken waren rosig beleuchtet; der Feuersee, von dessen Oberfläche die Kruste längere Zeit ganz verschwunden war, befand sich in einem Aufruhr, der jeder Beschreibung spottet. Nicht weniger als ein halbes Dutzend große, blutig flammende Springbrunnen stiegen an verschiedenen Stellen aus dem Feuer=pfuhl empor; die flüssige Lava strahlte in einem so blendenden Rot, daß unsere Augen davon schmerzten.

Die ungeheure Kraft, welche dort wütete, hatte etwas Be=ängstigendes. Von Sicherheit konnte auch auf unserem Stand=punkte nicht die Rede sein, denn ringsum leuchtete blutrote Glut, während die dichten Schwefeldämpfe uns fast den Atem raubten. Auf dem Boden der unter uns liegenden Schlucht strahlten hier und da kleine rote Flächen und gaben den Beweis, daß Pele auch dort das Feuer schürte; hinter uns und seitwärts von uns zeigten sich neue Feuerlöcher; aus dem großen Lavasee, der wie rasend tobte, stiegen hohe Feuersäulen empor; der „kleine Bettler" lärmte unausgesetzt wie eine überhitzte Dampfmaschine und spie unaufhörlich glühende Lava aus. In der Ferne, zwischen uns und dem Volcano=House, bemerkten wir mit Besorgnis eine immer länger werdende Feuerlinie, die auch unserem Führer durchaus nicht zu gefallen schien. Als es nach einer weiteren Stunde immer finsterer ward, zündeten wir die Kerzen in unseren Laternen an, stärkten uns rasch mit Speise und Trank und be=gaben uns dann, dem Drängen des Führers nachgebend, auf die Heimkehr.

Einen letzten bewundernden Blick warfen wir auf die tobenden Feuerwogen des Lavasees, und dann folgten wir möglichst dicht dem uns langsam voranschreitenden Kanaken. Wenn ich nun behaupten wollte, daß unser nächtlicher Marsch von gut drei engl. Meilen (5 km) durch den Riesenkrater, der bei den hier und dort in ihm aufleuchtenden Lavaausbrüchen doppelt finster schien, ein Vergnügen war, so würde ich mich einer groben Unwahrheit schuldig machen. Die Laternen waren gerade hell genug, um den Boden in unserer Nähe einigermaßen zu erleuchten, der uns noch unendlich viel rauher und unwegsamer als bei Tage vorkam. Mir schien es, daß unser Führer einen weiten Umweg nahm, wahrscheinlich um die schon erwähnte neue große Feuerspalte zu vermeiden, die kaum hundert Schritt seitwärts lag, aus welcher die rote Lava ungefähr zehn Fuß hoch emporgeschleudert wurde. Besonders unangenehm war eine andere quer über unseren Pfad laufende etwa drittehalb Fuß weite Spalte, die sich nach beiden Seiten hin bis ins Dunkel ausdehnte. Unwillkührlich prallte ich zurück, als ich einen glänzenden Lavastrom gewahrte, der in derselben, vielleicht 40 Fuß unter mir, vorüberschoß. Die Laternen in der Hand, mußten wir diesen Riß im Lavafeld, der zur Zeit als wir nach dem Feuersee gingen, gewiß nicht vorhanden war, überspringen, was mir, offen gestanden, gar nicht gefiel. Eine von unseren Damen fing sogar zu weinen an und wollte den Sprung lange Zeit nicht wagen, bis auch sie endlich glücklich hinüber gelangte. Mehrere Male tauchten wir in heiße Dampfwolken, durch welche wir uns tastend vorwärts bewegen mußten. Das Klettern, Schleichen, Kriechen u. s. w. über die zahllosen Lavahügel wollte gar kein Ende nehmen. Der Kanake, der einzige lebende Mensch, dem der Wirt des Volcano-House die Führung von Fremden durch den Krater zur Nachtzeit anvertraut, schien Augen wie eine Katze zu haben und löschte sogar seine Laterne aus, um besser sehen zu

können. Herzlich froh waren wir alle, als wir endlich von der
letzten Lavascholle wieder auf den Sandboden traten. Der
Aufstieg von beinahe 500 Fuß nach dem Volcano-House ermüdete
uns außerordentlich, zumal es jetzt heftig zu regnen begann.
Endlich waren wir oben und erreichten bald darauf das Gasthaus,
wo ein loderndes Kaminfeuer und eine wohlbesetzte Abendtafel
uns nach der ausgestandenen Mühe eines siebenstündigen Marsches
und Aufenthaltes im Krater des Kilauéa wie eine Offenbarung
erschien.

Neuntes Kapitel.

Der Kilauéa-iki, der Pelio-Keawe und der 16-Meilen-Spalt. — Das Verschwinden der Lava aus den Feuerseen. — Die Sicherheitsventile der Sandwichinseln. — Mauna Loa und Kilauéa im Vergleich mit Vesuv, Ätna und
Stapter. — Der Ausbruch des Mauna Loa und das Erdbeben von Kau im
Jahre 1868. — Die 13 großen vulkanischen Ausbrüche auf der Insel Hawaii
während der letzten hundert Jahre. — Verirrte Vulkanfahrer. — Der Pavillon
im Krater.

In der Nähe der Caldéra des Kilauéa befinden sich mehrere
erloschene kleinere Krater. Der größte von diesen ist der nahe
am Nordoststrande des Hauptkraters liegende Kilauéa-iki (der
kleine Kilauéa), welcher einst mit jenem unterirdisch in Verbindung stand. Der Kilauéa-iki ist 1200 Fuß tief und hat an
seiner Mündung einen Durchmesser von etwa 1600 Fuß. Er
verengt sich nach unten und sieht aus wie ein ungeheurer Trichter.

6*

Die schrägen Seiten und der Boden desselben sind mit schwarzer glänzender Lava bedeckt, die im Jahre 1832 aus einer Spalte im Ostwall des Kilauéa strömte. Etwas mehr südlich als der Kilauéa-iki liegt ein zweiter kleinerer erloschener Krater, der Pelio-Keawe. Südlich von der Caldéra dehnt sich der sogenannte 16-Meilen-Spalt aus, eine etwa 15 Fuß weite gähnende Erdspalte, die genau 16 englische Meilen (25½ km) lang ist und zahlreiche alte Aschenkegel trägt. Ähnliche Erdrisse, aus denen mitunter heiße Dämpfe emporsteigen, giebt es viele in der Umgebung des Kilauéa.

Die in längeren Zeitabschnitten sich wiederholenden Veränderungen im Krater des Kilauéa sind sehr bemerkenswert. Der Hauptkrater entleerte sich in geschichtlicher Zeit das erste Mal vollständig im Jahre 1840 durch einen tiefen Seitenausbruch. 40 englische Meilen (64 km) von der Caldéra erreichte der gewaltige Lavastrom das Meer bei Nanuwal im Puna-Distrikt, 17 Miles (27 km) südöstlich von Hilo, worauf das heftige Erdbeben von Kahuku in der Landschaft Kau stattfand. Im Jahre 1868 verschwand am 18. April, während eines furchtbaren Ausbruchs des Mauna Loa, die flüssige Lava plötzlich aus dem Krater des Kilauéa. Zur selben Zeit stürzte der Halemaumau vollständig ein.

Das letzte Mal verschwand die flüssige Lava aus dem Krater des Kilauéa in der Nacht vom 6./7. März 1886, während 43 heftige Erdstöße zwischen 9³⁰ abends und 7³⁰ morgens das aus Holz erbaute einstöckige Volcano-House dermaßen erschütterten, daß alles, was nicht niet- und nagelfest darin war, durcheinander geworfen wurde. Das als erdbebensicher angesehene Gasthaus schien ein Schiff auf stürmischer See zu sein. Herr Maby erzählte mir, er hätte damals geglaubt, der ganze Vulkan würde auseinander gerissen. Es hieß: Der Boden sei aus dem Kilauéa herausgefallen. An der Stelle des Halemaumau gewahrte man einen eine halbe englische Meile weiten, mehr als tausend Fuß tiefen Schlund, in welchen die 400 Fuß hohen Felsklippen sämtlich hinunter-gestürzt waren. Was aus der ungeheuren Lavamasse geworden ist, wurde nicht ermittelt. Man nimmt an, daß sie einen unter-irdischen Ausweg in das Meer fand. Am 8. Mai 1886 zeigte sich wieder die erste flüssige Lava im Schlunde des Halemaumau, und allmählich erhoben sich um denselben die Felsklippen, ähnlich wie zuvor. Bald darauf bildete sich, zuerst mit kleinen An-fängen, der vorhin beschriebene große neue Lavasee, der übrigens schon in früheren Jahren an derselben Stelle vorhanden war.

Es scheint eine Thatsache zu sein, daß der Kilauéa heute nicht mehr so thätig ist, wie vor zehn oder zwanzig Jahren, was aber durchaus nicht auf ein Erlöschen des vulkanischen Feuers hindeutet, das im Gegenteil in neuester Zeit an innerer Kraft wieder sehr gewonnen hat. Zeitabschnitte der Ruhe und Zeitabschnitte mächtiger vulkanischer Thätigkeit lösen dort ein-ander ab. In früheren Jahren gab es gleichzeitig fünf und sechs Lavaseen im großen Krater. Dieselben lagen fünfzig Fuß höher als gegenwärtig der Fall ist, und überschwemmten oft die Caldéra. Die über die Größe der Lavaseen zu verschiedenen Zeiten von Reisenden veröffentlichten Berichte, welche sich scheinbar oft widersprechen, erklären sich durch die fast fortwährenden Ver-änderungen, denen die Feuerpfuhle unterworfen sind. Die ältesten Überlieferungen der Hawaiier reden von dem Herd des ewigen Feuers im Kilauéa, dessen Lavaseen also jedenfalls seit Jahrhunderten dort vorhanden gewesen sind.

Merkwürdig ist das sich in längeren Zeitabschnitten wieder-holende Verschwinden der Lava aus den Feuerseen. Bei jedem in Neu Seeland oder in Californien stattfindenden Erdbeben, namentlich bei jedem Ausbruche des nahe liegenden Mauna Loa, verschwindet die flüssige Lava auf kurze Zeit, meistens eine Woche lang, aus dem Kilauéa. Eine Ausnahme bilden die Jahre 1868 und 1886, als die flüssige Lava erst nach Monaten zurückkehrte. Jedenfalls findet eine Art Wechselwirkung zwischen dem Kilauéa und anderen vulkanischen Gebieten auf der Erde statt. Eine unmittelbare Verbindung zwischen dem 9600 Fuß höher liegenden Gipfelkrater des Mauna Loa und dem Kilauéa kann aber nicht vorhanden sein, denn dann müßte der ungeheure Druck der Lavasäule die flüssige Lava aus den Feuerpfuhlen emportreiben, oder, falls die neue Lava aus der Tiefe käme, diese zuerst aus dem Kilauéa hervorbrechen, was beides keineswegs der Fall ist. Im Gegenteil, jedesmal wenn die Lavaströme aus dem Mauna Loa, Tausende von Fuß über dem Kilauéa, hervorbrechen, verschwindet, wie bereits erwähnt wurde, aus diesem die flüssige Lava. Auch ist die Lava des Mauna Loa verschieden von der des Kilauéa. Letztere hat einen starken Beisatz von Olivin, was bei ersterer nur in sehr geringem Maße der Fall ist. Eine gleichfalls unerklärte Verbindung scheint der Kilauéa mit dem auf der anderen Erdhälfte liegenden Ätna zu haben. Nachdem z. B. das letzte Mal (März bis Mai 1886) der Boden aus dem Kilauéa herausgefallen war, begann vom großen sizilischen Feuerspeier ein heftiger Ausbruch, der bis Juni anhielt. 1868 fand dasselbe Ereignis statt, und es soll (nach Angabe des Herrn Maby) nur zehn Minuten Zeitunterschied zwischen einem verheerenden Ausbruch des Ätna und dem Einsturze des Halemaumau am 18. April jenes Jahres gewesen sein.

Daß der Mauna Loa und der Kilauéa die Sicherheitsventile der Sandwichinseln sind, leidet wohl keinen Zweifel. Sollten jene beiden Feuerberge ihre Thätigkeit einmal ganz einstellen, so würde die in der Tiefe eingeengte ungeheure Lavamasse sich höchstwahrscheinlich neue Auswege suchen. Je heftiger die Feuerseen im Kilauéa aufwogen, um so zufriedener sind deshalb die Bewohner des Inselreichs, und selbst ein Ausbruch des

Mauna Loa auf Hawaii wird auf den anderen Inseln gern
gesehn. In Honolulu blickt man auch durchaus nicht mit Vorliebe auf den in der unmittelbaren Nähe der Stadt liegenden
alten Punch-Bowl-Krater, der vielleicht dazu bestimmt ist, einmal
eine ähnliche Rolle zu spielen wie der Vesuv zur Zeit der Zerstörung von Herkulanum und Pompeji. Die Vulkane auf der
Insel Hawaii sind die jüngsten Feuerberge auf den Sandwichinseln. Die ältesten, wahrscheinlich schon vor ungezählten Jahr-
tausenden erloschenen Vulkane lagen auf der Insel Kauai, dann
der Reihe nach auf Oahu, Molokai und den kleineren Inseln,
bis der gewaltige Haleakalá auf der Hawaii zunächst liegenden
Insel Maui und der Mauna Kea und Huálalai die Rolle des
Ventils übernahmen, welche jetzt dem Mauna Loa und Kilauéa
gemeinschaftlich zugefallen ist. Daß die Insel Kauai die älteste
Insel in der Gruppe ist, schließt man daraus, weil sich auf ihr
die tiefste Humusdecke angesammelt hat.

Mit dem Vesuv und Ätna und mit anderen bekannten großen
feuerspeienden Bergen hat der Kilauéa, wie schon gesagt wurde,
gar keine Ähnlichkeit, und auch der Mauna Loa hat nicht die gewöhnliche Kegelgestalt eines Vulkans. Aschenregen und Bimsstein
werfen die Feuerberge Hawaiis heute nicht mehr aus. Nur
einmal fand in geschichtlicher Zeit ein Aschenausbruch des Kilauéa
statt, wodurch im Jahre 1789 eine Truppenabteilung Hawaiier
in der Landschaft Kau ihren Untergang fand. (Siehe Seite 43). Alte
in jener Gegend stehende Aschenkegel bezeugen die Wahrscheinlichkeit dieses in allen hawaiischen Überlieferungen vorkommenden
Berichts. Auch auf dem Mauna Kea und auf dem Huálalai
befinden sich zahlreiche alte Aschenkegel. Mauna Loa und Kilauéa
werfen seit Beginn dieses Jahrhunderts nur flüssige Laven aus.
Unter diesen beiden Riesenvulkanen scheint eine unglaubliche
Masse von geschmolzener Lava zu liegen, die mit ihren Feuerwogen gegen ihr Felsengefängnis antobt und sich gelegentlich

durch die Krater Luft macht. Im Vergleich mit den ungeheuren Lavaströmen der beiden hawaiischen Feuerberge sind die Ausbrüche des Vesuv und des Ätna nur unbedeutend zu nennen. Förderte doch, nach der Berechnung des amerikanischen Geologen Wilkes, der Ausbruch des Kilauéa im Jahre 1840 mehr als 40 Mal so viel Lava zu Tage, als der Vesuv bei einem seiner größten Ausbrüche ausgeworfen hat! Und aus dem Mauna Loa sind wiederholt noch größere Lavamassen hervorgebrochen.

Unter den thätigen Vulkanen auf der Erde kommt der Skaptar in Island in seinen Erscheinungen dem Mauna Loa am nächsten. Aber die Ausbrüche des Skaptar wiederholen sich in hundert Jahren kaum einmal, während der Mauna Loa in den letzten 47 Jahren acht große Ausbrüche zu verzeichnen hat. Der größte Ausbruch des Skaptar fand im Jahre 1783 statt, als er soviel Lava auswarf wie Vesuv und Ätna zusammen seit Plinius' Zeit zu Tage gefördert haben; mehr als die ganze Masse des Mont Blanc! Die Asche flog über ganz Europa. Ein Fünftel der Bevölkerung von Island kam damals um!

Ähnliches, wie die 40 bis 60 englische Meilen (64 bis 96 km) langen Lavaströme auf der Insel Hawaii, findet man auf der Erde nur noch in Nordamerika, namentlich am Snake-Fluß in den nordwestlichen Gebieten der Vereinigten Staaten. Als ich in den sechziger Jahren jene entlegenen Gegenden durchstreifte und dort die alten ungeheuren Lavafelder anstaunte, dachte ich nicht daran, daß ich einst ihresgleichen im Inselreiche in der Südsee wiedersehen würde. Wenn die Ausbrüche der Riesenvulkane auf Hawaii bis jetzt verhältnismäßig so wenig Unheil angerichtet haben, so liegt die Hauptursache davon in der sehr dünnen Bevölkerung jener Insel. Daß nicht alle Lavaströme Hawaiis einen so gemütlichen Charakter haben wie der des Mauna Loa im Jahre 1880, welcher die Stadt Hilo beinahe erreichte, und an dessen Feuerufer man ohne Gefahr ein Picknick

hätte abhalten können, werden die folgenden Berichte englischer
Blätter in Honolulu über den Ausbruch des Mauna Loa im
Jahre 1868 klar machen. Der Herausgeber des „Honolulu
Advertiser", der sich damals auf der Insel Hawaii aufhielt,
schrieb am 12. April jenes Jahres aus Kealakeakua:

„Wir bestiegen die Bergkette westlich von Mamalu Pali
bei Kahuku, wo sich ein überaus prächtiges Schauspiel vor
unseren Augen aufthat. Das unter uns liegende Thal war
zwanzig Fuß tief mit glühender Lava angefüllt, die aus einem
Krater kam, der etwa zehn engl. Meilen (16 km) vom Gipfel
des Mauna Loa lag. Dieser Krater hatte bereits seine Thätigkeit
eingestellt. Ein neuer Krater hatte sich geöffnet, der nur einige
Meilen von unserem Standpunkt entfernt war. Die Lava floß
so rasch den Abhang herunter, daß sich die Bewohner einiger
Farmhäuser nur mit äußerster Mühe vor dem fünfzig Fuß tiefen
Feuerstrom zu retten vermochten, der, zehn Minuten nachdem
die Wohnung verlassen war, diese verschüttete. Der neue Krater
ist ein breiter Riß in der Bergwand von ungefähr drei englischen
Meilen (5 km) Länge. Ununterbrochen speit er mit fürchterlicher
Wut vier blutrote um sich kreisende mächtige Lavasprudel aus,
von denen sich ab und zu je zwei in eine Lavasäule, oder alle
vier in eine einzige Feuerwand von anderthalb engl. Meilen
(2½ km) Länge und einer Höhe von tausend Fuß vereinigen,
die ungeheure Felsstücke, von der Größe eines Hauses, mit
emporreißen. Mitunter ist die Luft ganz voll von riesigen
Felsblöcken, die mit furchtbarem Getöse nach allen Richtungen
fliegen. Die ganze Insel ist in Rauch gehüllt. Aus dem
Qualm, der aus dem Krater hoch empor steigt, springen unausgesetzt Hunderte von Feuerflammen hervor. — — — —"

„Als die Nacht hereinbrach, ward das Bild des wütenden
Lavaausbruchs noch tausend Mal großartiger. In einem Umkreis
von 50 engl. Meilen (80 km) war das Land taghell erleuchtet.

Das höllische Schauspiel kann keine Feder beschreiben; nur Personen, die es selbst gesehn haben, können sich eine richtige Vorstellung davon machen. Der 1500 Fuß breite und 20 Fuß tiefe blutrote Lavastrom, der mit einer Schnelligkeit von 10 bis 25 engl. Meilen (16 bis 40 km) in der Stunde über Abhänge, durch Thäler und Wälder mit dem Getöse des Niagara in grauenhafter Pracht den Berg herabstürmte, war entsetzlich anzuschauen. — — — — Denkt der Leser sich hierzu das Gebrüll des Kraters, die fortwährenden Blitze und die Donnerschläge, von denen die Erde erbebte, so wird er einen schwachen Begriff von diesem Ausbruche des Manna Loa erhalten. Nach einem unausgesetzten Lauf von fünf Tagen stürzte sich der riesige Feuerstrom in das Meer und trieb dasselbe mit solcher Gewalt zurück, daß die Wogen sich aufbäumten wie in einem Orkan. Eine Lavabank von einer Meile Länge befindet sich jetzt dort, wo früher die tiefe See lag — u. s. w."

Ein anderer Bericht des „Honolulu Advertiser" lautet folgendermaßen:

„In Waiohinu fanden in der Zeit vom 28. März bis zum 10. April 2000 Erdstöße statt. An mehreren Tagen zählte man 300 bis 400. Die heftigste Erschütterung ereignete sich am 2. April. Durch dieselbe wurden sämtliche Kirchen und fast alle Wohnhäuser und Steinwälle im Distrikt zerstört. Das früher ziemlich ebene Land ist jetzt ganz voll von Abgründen, Hügeln, Klüften und tiefen Spalten. Nicht ein Stein in dem ganzen Landstrich ist unverrückt an seiner Stelle geblieben. Das Erdbeben war so heftig, daß kein Mensch auf den Füßen stehn bleiben konnte; Pferde und Rinder stürzten wie tot zur Erde. Mehr als tausend Schafe, Rinder, Pferde und Ziegen erstickten in giftigen Gasen. Ein Erdstoß tötete 38 Eingeborene. Die Toten zählt man in dieser spärlich bevölkerten Gegend nach Hunderten. In vier Dörfern kamen 80 Menschen um — u. s. w."

„Zwei engl. Meilen (3 km) vom Lande erhob sich plötzlich eine kleine Insel, die 400 Fuß über dem Meeresspiegel empor-ragte. Bei Punaluu schien eine ungeheure Lavamasse in einiger Entfernung vom Ufer von unten herauf in die See geschleudert worden zu sein. Der Ocean befand sich dort in einem furcht-baren Aufruhr und kochte, als fände in seiner Tiefe ein gewaltiger Lavaausbruch statt. Erst zog sich das Meer zurück, als wollte es Kraft für einen Anlauf sammeln; dann stürzte sich eine 40 bis 60 Fuß hohe Woge auf die Küste von Kau und riß alles fort — Häuser, Bäume, Böte, Menschen und Tiere. Punaluu verschwand vom Erdboden, die große steinerne Kirche ist nicht mehr vorhanden. Hundert Menschen ertranken dort in den Wellen. Ganze Haine von prächtigen Kokospalmen wurden fortgerissen. Sechs Mal nach einander kehrte die Woge mit derselben Wut zurück. Nicht ein Haus von drei an der Küste liegenden Dörfern blieb stehn. Daß außer der Lava, welche aus der Nordseite des Mauna Loa brach, ein zweiter Lavastrom (wahrscheinlich aus dem Kilauéa) einen Ausweg in das Meer an der Küste von Kau suchte und gefunden hat, ist klar genug — u. s. w."

„In der Nähe des Ortes Kapapala wurde die ganze Spitze eines 1500 Fuß hohen Berges abgehoben, stülpte sozusagen um, stürzte tausend Fuß weit in das Thal hinab und verschüttete den Ort vollständig. Nicht eine Menschenseele ist daraus ent-kommen! Eine Schlammmasse, ½ bis 1 engl. Meile breit und in der Mitte 30 Fuß tief, die viele Millionen Tonnen wog, wurde drei Meilen (5 km) weit in drei Minuten fortgeschleudert und bedeckte, als sie niederstürzte, einen Flächenraum von mindestens tausend Acker. Es war, als sei sie aus dem Munde von 10 000 schweren Geschützen geschossen worden; sie sauste mit einem ganz unbeschreiblichen höllischen Lärm durch die Luft — u. s. w."

Ein Engländer mit Namen Lyman, der sich zur Zeit dieses Erdbebens ebenfalls in der Landschaft Kau aufhielt, schrieb:

„Die Erde schwankte erst von Nord nach Süd, dann von Osten nach Westen, dann kreiste sie, hob sich auf und ab und drehte sich nach allen möglichen Richtungen. Alles um uns krachte und taumelte, die Bäume wurden hin und her geschüttelt, als raste ein Orkan durch den Wald, wir mußten uns auf den Boden hinsetzen und hielten uns mit gespreizten Händen und Füßen fest, um nicht fortzurollen. Ein Erdstoß folgte rasch auf den anderen mit einem rasselnden, dumpfrollenden Getöse. Jeden Augenblick glaubten wir, daß die Erde sich aufthun und uns verschlingen würde, denn wir hörten die mächtigen Lava-wogen ganz deutlich unter unseren Füßen dahinstürmen und gegen den Boden schlagen."

Ähnliche Berichte von glaubwürdigen Augenzeugen, die sich zur Zeit des vulkanischen Aufruhrs auf der Insel Hawaii im Jahre 1868 an Ort und Stelle befanden, könnte ich leicht ver-zehnfachen. Eine Erzählung ist immer noch grauenvoller als die andere. Aber ich will dem Leser mit diesen haarsträubenden Einzel-heiten nicht länger die Nerven erschüttern. Er möchte sonst glauben, daß die Erde einmal ganz aus den Fugen gehen könnte. Jedenfalls kann die vielgerühmte „Gemütlichkeit" der hawaiischen Vulkane nicht als Regel gelten!

Die Ausbrüche des Mauna Loa kommen nicht immer aus dem großen Gipfelkrater, dem Makuawéowéo, einer Caldéra, die der des Kilauéa ähnlich ist, die aber keine Feuerseen, sondern unergründliche Spalten enthält. In den meisten Fällen strömt die Lava sozusagen aus Wunden, die sich an den Seiten des Riesen-vulkans aufthun. Der gewaltigste Ausbruch aus dem Makua-wéowéo fand im Jahre 1855 statt. Eine Lavasäule, mindestens 100 Fuß im Durchmesser und 500 bis 1000 Fuß hoch, erhob sich ununterbrochen Tag und Nacht volle sechs Wochen lang aus

dem fast 14 000 Fuß über dem Meere liegenden Berggipfel,
ergoß ihre Feuerfluten die Abhänge hinunter und erhellte die
ganze Insel Hawaii. Der Lavastrom floß unausgesetzt dreizehn
Monate lang und überschwemmte eine Bodenfläche von 300
engl. ☐ Meilen (769 qkm) mit 38 Billionen Kubikfuß Lava:
eine Masse, aus welcher der Vesuv mit seinen sämtlichen Lavaströmen und Aschenausbrüchen aufgebaut werden könnte. Kaum
minder furchtbar war der Ausbruch des Mauna Loa im
Jahre 1859, der aus der Nordseite des Vulkans hervorbrach
und eine noch größere Lavamasse zu Tage förderte. Aus drei
Kratern erhoben sich wochenlang Lavasäulen von 250 bis
500 Fuß Höhe.

Während der letzten 100 Jahre fanden 13 größere vulkanische
Ausbrüche, mehrere derselben mit furchtbaren Erderschütterungen
verbunden, auf der Insel Hawaii statt:

1) 1789 vom Kilauéa. Ein Aschenregen, wodurch ein
   hawaiisches Heer in der Landschaft Kau seinen Untergang fand.

2) 1801 vom Huálalai. Ein Ausbruch, bei welchem ungeheure Massen Lava bis in die See flossen, eine
   20 engl. Meilen (32 km) lange Bai ganz füllten
   und die jetzige Küstenlinie bildeten.

3) 1823 vom Kilauéa. Ein 5 bis 8 engl. Meilen (8 bis
   13 km) breiter Lavastrom, der sich bei Kapápala in
   der Landschaft Kau in die See stürzte.

4) 1832 (begann im Juni) vom Mauna Loa und Kilauéa
   kurz nacheinander.

5) 1840 (begann im Mai) vom Kilauéa. Ein zwei Wochen
   dauernder furchtbarer Ausbruch. Der Lavastrom
   stürzte sich 17 engl. Meilen (27 km) südöstlich von
   Hilo in die See.

6) 1843 (begann im Januar) vom Mauna Loa aus dem Gipfelkrater. Zwei Lavaströme, 25 bis 30 engl. Meilen (40 bis 48 km) lang, ergossen sich, der eine westwärts durch die Landschaft Kona, der andere nordwärts in der Richtung nach dem Mauna Kea.

7) 1852 (begann im Februar) vom Mauna Loa. Ein heftiger Ausbruch aus der Nordseite, der die Richtung nach Hilo nahm.

8) 1855 (begann im August) vom Mauna Loa. Ein furchtbarer Ausbruch aus dem Gipfelkrater. Der beinahe 60 engl. Meilen (96 km) lange Lavastrom floß 13 Monate lang und kam 6 engl. Meilen (9³/₅ km) von Hilo zum Stillstand.

9) 1859 (begann im Januar) vom Mauna Loa. Die Lavamasse dieses Ausbruchs war die größte in geschichtlicher Zeit. Die Lava brach 8500 Fuß über der See aus der Nordseite des Berges und stürzte sich nach einem Laufe von 40 engl. Meilen (64 km) im vierten Monat in die Kawaihae Bai.

10) 1868 (begann im April) vom Mauna Loa. Großer Ausbruch aus der Nordseite des Berges, verbunden mit furchtbaren Erderschütterungen quer über die Insel.

11) 1877 (begann im Februar) vom Mauna Loa aus dem Gipfelkrater. Die Lava floß in westlicher Richtung und erreichte das Meer bei Kaawalóa.

12) 1880 (begann am 5. November) vom Mauna Loa aus der Nordseite. Der Lavastrom war 50 engl. Meilen (80 km) lang. Er gelangte nach neun Monaten (9. August 1881) dicht vor Hilo zum Stillstand. Ein kleiner Ausbruch des Gipfelkraters fand am 1. Mai 1880 statt.

13) 1887 (16. bis 31. Januar) vom Mauna Loa. Der
Lavastrom entsprang auf der Südseite am Fuße des
Berges und stürzte sich nach einem Laufe von
10 engl. Meilen (16 km) in der Landschaft Kahuku
in die See.

Wie dies Verzeichnis deutlich beweist, ist der Mauna Loa
während der letzten hundert Jahre bei weitem der thätigste
Vulkan auf der Insel Hawaii gewesen. Die letzten acht großen
Ausbrüche sind allein auf seine Rechnung zu schreiben. Zwischen
den Jahren 1789 und 1832 fanden höchstwahrscheinlich noch
mehrere Ausbrüche des Mauna Loa und des Kilauéa statt; aber
es fehlen die Nachrichten darüber. Vom Kilauéa ist freilich
seit 1840 kein Ausbruch nach außen bekannt geworden, dagegen
haben die Lavaseen seine Caldéra seitdem oft überschwemmt; auch
kann man mit ziemlicher Sicherheit annehmen, daß dieser Vulkan
sich häufig durch unterirdische Kanäle in die See entleert hat.
Daß der Huálalai seine vulkanische Thätigkeit wieder erneuern
wird, ist durchaus nicht unmöglich. *) —

Herr Mabn erzählte uns beim lodernden Kaminfeuer noch
einige recht interessante Abenteuer von Fremden, die sich nachts
im Krater verirrt hatten, und unterhielt uns über die Eigen-

---

*) Der große Ausbruch des Huálalai wird von verschiedenen Schriftstellern
in verschiedene Jahre (1801 — 1806 — 1811 und 1815) verlegt; da aber in
jedem Fall nur von einem einzigen Ausbruch die Rede ist, so muß auch immer
derselbe gemeint sein. Jarves (dessen Angaben ich gefolgt bin) giebt in seinem
sehr zuverlässigen Buch „History of the Hawaiian Islands" (Honolulu 1872)
mehrere Male das Jahr 1801 an und nennt den Engländer Turnbull als
Augenzeugen. — Nicht minder verwirrt sind die Höhenangaben über den
Huálalai. Auf allen Landkarten steht 6275 Fuß. Tutton giebt 8600, Wilkes
10,000, das neueste Höhenverzeichnis hawaiischer Berge 8275 Fuß (2523 Meter)
an. Bei den sonst vorzüglichen topographischen Aufnahmen des Königreichs
Hawaii sind diese weit von einander abweichenden Zahlen bemerkenswert.

tümlichkeiten der Lavaseen, die wir aus den Fenstern der Gast-
stube bald heller, bald matter durch die finstere Nacht aufleuchten
sahen. Wir erfuhren, daß bis jetzt merkwürdigerweise noch nie
jemand im Krater des Kilauéa verunglückt sei. Mehrere Male
sei es jedoch vorgekommen, daß sich an derselben Stelle, auf
welcher eine Gesellschaft Vulkanfahrer längere Zeit verweilt und
Umschau gehalten hatte, kurz nachdem jene von dort fortgegangen
waren, plötzlich eine Lavaspalte oder ein Abgrund aufthat.
Besonders schlimm erging es vor einigen Jahren einer größeren
Gesellschaft Vulkanfahrer, von denen ein Teil in stockfinsterer
Nacht längere Zeit im Krater verweilte, um das Schauspiel des
tobenden Lavasees bis nach Mitternacht zu genießen, während
der Führer die übrigen nach dem Volcano-House zurückbrachte.
Trotzdem der Führer sie warnte, nicht von der Stelle zu gehen,
bis er wieder da sei, versuchten es jene, als es nach einer
Stunde heftig zu regnen begann, den Rückweg allein zu finden,
verirrten sich und wurden erst nach vier Stunden von dem
Kanaken an der anderen Seite des Lavasees entdeckt. Die
waghalsigen Touristen, welche stundenlang im Finstern zwischen
Feuerlöchern und Abgründen auf den Lavaschollen im Regensturm umherstolperten, hatten fast die Hoffnung auf ihre Rettung
aufgegeben, als der Kanake sie endlich fand. Eine junge
Amerikanerin verlor beim Rückmarsch sogar den Verstand und
riß sich die Kleider in Fetzen vom Leibe, als man sie den
Abhang nach dem Volcano-House hinauftrug. Ein helles Wunder
war es, daß die Verirrten nicht sämtlich im Krater des Kilauéa
umkamen!

Im Februar 1886 hatte Herr Maby den prächtigen Gedanken
gefaßt, in der Nähe des Halemaumau einen Pavillon zu er-
bauen, in welchem die Fremden übernachten könnten, um diesen den
äußerst unangenehmen Rückmarsch durch den großen Krater im
Finstern zu ersparen. Das Bauholz befand sich bereits an Ort und

Stelle, als in der Nacht vom 6./7. März der Boden aus dem
Kilauéa herausfiel, und auch der Felsen, auf dem das Häuschen
stehn sollte, mit in den Abgrund stürzte. Die Überraschung für
eine Gesellschaft von Touristen, die, falls der Pavillon einige
Wochen früher erbaut worden wäre, dort ihr Nachtquartier auf-
geschlagen hätten und plötzlich mit ihren Betten so an tausend
Fuß in die Erde gesunken und geradeswegs in die Hölle gefahren
wären, möge sich der Leser selbst ausmalen! — Erdbeben finden
in der unmittelbaren Nähe des Kilauéa nur selten statt; weiter
unterhalb, im Halbweg-Haus, verspürt man sie dagegen fast jede
Woche mindestens einmal. Von den Bewohnern der Sandwichinseln werden die Lavaseen verhältnismäßig nur selten besucht.
Weitaus die meisten Besucher sind Engländer und Amerikaner.

Zehntes Kapitel.

Rückreise nach Keauhou. — Das Ufer von Kau. — Die Windseite und die
Leeseite der Insel Hawaii. — Der Lavastrom vom Januar 1887. — Die
Kealakeakua-Bai und Kapitän Cooks Denkmal. — Die Landschaft Kona. — Die
Rinderherden Hawaiis. — Zum zweiten Mal in Mahulona. — Der honorable
Mr. Parker. — Eisenbahnfahrt nach Niulii. — Der Hiau-Hawi-Tempel. —
Lauhala-Bäume. — Taro und Poi. — Der Kohala-Zuckerdistrikt. — Der
Hualalai. — Fahrt nach Maui. — Herr Nagano. — Weihnachtsabend auf
dem Kinau. — Der Haleakalá. — Die Maalaea-Bai. — Lahaina und das
Idolhal. — Wieder in Honolulu.

Meinen früher gefaßten Plan, noch einige Tage im Volcano-
House zu verweilen und dann nach Hilo zu reiten, ließ ich nach

reiflicher Überlegung wieder fallen. Ich hätte 30 engl. Meilen
(48 km) durch einen tropischen Urwald auf außerordentlich
rauhem Saumpfade in einem Tage zurücklegen müssen, da in
dem einzigen am Wege liegenden Hause ein Aussätziger wohnte,
bei dem ich nicht gern eingekehrt wäre. Außerdem mußte ich
mich darauf gefaßt machen, während dieses Ritts mindestens
einmal jede Stunde durchnaß zu werden. Der Regen, der auf
den hawaiischen Inseln fällt, ist allerdings meistens warm, und
man kann die durchnäßten Kleider, ohne der Gesundheit zu
schaden, auf dem Leibe trocknen lassen. Aber mein Ehrgeiz verstieg sich nicht so hoch, daß ich bloß des Ruhmes halber solchen
Unannehmlichkeiten trotzen wollte. Ich beschloß deshalb, mich
meiner alten Reisegesellschaft wieder anzuschließen, als diese sich
am Morgen des 23. Dezembers auf den Rückweg nach Keauhou
begab.

Wir warfen dem dampfenden Kilauéa einen letzten Blick zu
und fuhren dann in den roten Einspännern rasch nach dem
Halbweg-Hause zurück, von wo die Satteltiere uns wieder nach
Keauhou brachten. Mir schien es, als ob ein hawaiischer
Regengott uns auf Peles Befehl für die geringe Achtung, welche
wir ihr im Hause des ewigen Feuers gezollt hatten, noch einmal
gehörig züchtigen sollte, denn es goß wieder auf eine geradezu
empörende Weise vom Himmel herab. Auf dem zweiten Pali
gerieten wir in einen Regensturm, der meinen Gleichmut auf
eine bedenkliche Probe stellte. Ich möchte allen Vulkanfahrern
noch den wohlgemeinten Rat erteilen, ihre Staubmäntel in
Honolulu hübsch zurückzulassen, sich dagegen (wenigstens im
Winter) vor ihrer Abreise dort mit Gummimänteln und Über-
schuhen, mit Kapuzen, die über den Nacken herunterreichen, und
namentlich mit einer Schutzbekleidung für die Beine (leggins) zu
versehen, denn nach meiner Erfahrung erhöhen einige am Rücken
und an den Beinen herabrieselnde Bäche und ein Paar mit

Wasser gefüllte Stiefel das Wohlbefinden des Reisenden in keiner Weise.

Der Dampfer Kinau kehrte gegen Mittag von Hilo zurück und hielt vor Keauhou, um die Vulkan-Reisenden wieder aufzunehmen. Unter strömendem Regen gelangten wir in Böten glücklich an Bord, und bald darauf setzten wir unsere Seefahrt angesichts der Ostküste der Insel Hawaii in südlicher Richtung fort. Die ansehnlichen Zuckerpflanzungen der Distrikte Naalehu, Hilea und Honoapo erfreuten auf dieser Fahrt das Auge, Kraterberge und Haine von Kokospalmen lagen friedlich nebeneinander in der so oft schon von Erdbeben und Lavaströmen schwer heimgesuchten Landschaft Kau, auf den fernen Gebirgszügen lagerten schwere Regenwolken, und zu wiederholten Malen wölbte sich ein prächtiger doppelter Irisbogen über das großartige Bild der Küstenlandschaft.

Als wir nach einer recht bewegten Fahrt von mehreren Stunden um das malerische südliche Vorgebirge Kalae Point herumfuhren, gelangten wir plötzlich in ein ruhiges Fahrwasser. Die Grenze zwischen dem rauhen Gewässer an der Windseite und dem glatten Gewässer an der Leeseite der Insel Hawaii war hier so deutlich zu erkennen, als sei eine scharfe Linie durch die Flut gezogen worden. Der Kinau stellte jetzt seine Tanzübungen und schlenkernden Bewegungen ganz ein und benahm sich musterhaft, was von allen Reisenden mit Freuden bemerkt wurde.

Während unsrer Fahrt an der Küste der Landschaft Kahuku machte mein engerer Landsmann, der Kapitän Lorenzen, mich auf den großen Lavastrom aufmerksam, der sich hier während der Zeit vom 16. bis zum 31. Januar 1887 in das Meer gestürzt hatte. Meilenweit sah der Strand aus, als sei er mit Eisen gepanzert. Drei Tage lang war der Kapitän Zeuge jenes vulkanischen Ausbruchs gewesen, den er vom Deck des Dampfers

7*

anstaunte. Nie in seinem Leben hatte er ein nur annähernd so großartiges Bild wie dieses gesehn. Dreißig Vulkanfahrer, die gerade auf der Rückreise von Keanhou nach Honolulu begriffen waren, hatten sich mit Entrüstung darüber beklagt, daß der Kilauéa ganz tot sei. Die flüssige Lava war also auch damals wieder infolge dieses Ausbruchs des Mauna Loa aus dem Krater des Kilauéa verschwunden. Selbstverständlich verwandelte sich die Entrüstung der Vulkan-Reisenden beim Anblick jenes großartigen Feuerwerks in helle Begeisterung.

An einer Stelle, die den Namen Pohakuohanalei führt, brach damals in einer Entfernung von etwa zehn engl. Meilen (16 km) vom Seeufer eine gewaltige Lavamasse von mindestens 200 Fuß Höhe aus dem südlichen Fuße des Mauna Loa zwei Wochen lang ununterbrochen hervor. Die sich fächerartig ausbreitenden Feuerwogen flossen den schwach geneigten Abhang durch die Landschaft Kahuku hinunter und stürzten sich in einer meilenbreiten Linie prasselnd in das Meer, das sich wie erschreckt vor ihnen zurückbäumte, hoch aufbrandete, donnerte und zischte. Weit und breit war die See mit toten Fischen bedeckt. Glücklicherweise fand der Ausbruch in einer ganz unbewohnten Gegend statt, so daß keine Menschenleben verloren gingen; auch ward durch die heftigen Erderschütterungen, welche gleichzeitig stattfanden, kein nennenswertes Unheil angerichtet. Die in das Meer hinausreichenden schwarzen Lavaklippen deuteten die Grenze jenes Feuerstromes an, der damals viele Hunderte von Neugierigen aus Honolulu herbeilockte, die das großartige Schauspiel vom Verdeck der Dampfschiffe aus sicherer Entfernung bewunderten.

Die Sonne war bereits untergegangen, als wir an der Bai von Kealakéakua vorüberfuhren, wo Kapitän Cook bei seinem zweiten Besuch auf der Insel Hawaii am 14. Februar 1779 von den Eingeborenen erschlagen wurde. Ein einfaches, ungefähr 20 Fuß hohes Denkmal, um welches zwölf aufrecht-

stehende mit einer schweren Kette verbundene Kanonenrohre eine
Einfriedigung bilden, bezeichnet die Unglücksstätte. Im Hintergrunde erhebt sich eine schwarze Lavallippe. Einige Kokospalmen
stehn in der Nähe des Denkmals, dessen dem Meere zugewendete
Seite die folgende Inschrift trägt:

In Memory of
The Great Circumnavigator
CAPTAIN JAMES COOK, R. N.,
Who
Discovered these Islands
on the 18th of January A. D. 1778,
and fell near this spot
on the 14th of February A. D. 1779.

This Monument was erected
in November A. D. 1874
by some of
His Fellow-Countrymen.

Seinen Tod verschuldete der berühmte Seefahrer selbst durch
sein rücksichtsloses Auftreten gegen die Eingeborenen, die ihn
zuerst als den verkörperten Lono, den Gott des Lichtes, ver-
ehrten. Bald aber erkannten sie seine menschlichen Schwächen,
und Haß trat an die Stelle der Ehrfurcht. Die Ufer der
Kealakeakua-Bai (gewöhnlich Cooks Bai genannt) waren den
Ureinwohnern Hawaiis eine geheiligte Stätte. Hier lag der
Puhonua-Heian (City of refuge), ein von genau in einander gefügten Lavablöcken umgebener großer Tempelplatz, welcher
dem schwersten Verbrecher einen sicheren Zufluchtsort gewährte.
Daß Cook diese geheiligte Stätte entweihte, verziehen ihm die
Eingeborenen nicht. Sie ließen bei dem bekannten Streit mit der

Mannschaft der Schiffsböte ihre Rache an ihm aus, indem sie ihn hinterrücks ermordeten.

Der Lavastrom des Mauna Loa vom Jahre 1877 erreichte das Meer bei Kaawalóa in der Nähe der Kealakéakua-Bai. Seine Spuren sind dort überall am Ufer zu sehen. Inmitten der Bai erhob sich damals eine kleine vulkanische Insel.

Während der Nacht fuhren wir an der Küste des Kona-Distrikts entlang, wo der gleichnamige Kaffee wächst, der dem besten Mokka- oder Javakaffee an Vortrefflichkeit gleichkommt. Die angebauten Landesteile liegen sowohl hier wie auf den anderen Inseln ohne Ausnahme an der Küste. Das Innere der Insel Hawaii dient fast nur als Weidegrund für zahlreiche meistens verwilderte Rinderherden. Auch die dichten tropischen Waldungen, die durch Massen von Schlingpflanzen (darunter die riesigen Ja-las, mit flammenden Blüten), durch Farne und Gestrüpp für den Fuß eines Menschen beinahe undurchdringlich sind, und in denen man oft Abgründe, tiefe Schluchten und große trichterähnliche Höhlungen, die einst thätige Krater waren, antrifft, sind voll von wilden Rindern. Die unzähligen Pfade, welche diese in den Wäldern ausgetreten haben, werden von den Jägern, die dort dem edlen Waidwerk obliegen, als Fußwege benutzt, allerdings oft mit Gefahr ihres Lebens, denn einem wilden Stier auf einem solchen Pfade im Urwald zu begegnen, wo ein Ausweichen kaum möglich ist, ist fast so schlimm, als einen bengalischen Tiger im Dschungel anzutreffen.

Die ersten Rinder (einen Stier und zwei Kühe) brachte Kapitän Vancouver im Jahre 1792 aus Californien nach der Insel Hawaii. Diese Tiere sind die Urahnen der dort gegenwärtig nach vielen Zehntausenden zählenden Rinder, die jetzt in Menge als Schlachtvieh nach San Francisco ausgeführt werden. Interessant ist das Verladen derselben vom schwer zugänglichen

Ufer auf die Dampfschiffe. Mit einem Lasso, der um die
Hörner eines Stiers geworfen wird, sprengt ein Reiter ins
Wasser und zerrt das sich vergeblich mit aller Macht sträubende
Tier durch die Brandung nach einem außerhalb derselben liegenden
Ruderboot. Mitunter verschwinden Pferd, Reiter und Stier
unter den Wogen, aber der Kanake taucht mit seinem wacker
schwimmenden Roß unfehlbar jedesmal wieder aus der Brandung
empor und bringt den Stier in die Nähe des Bootes, an dessen
Rand dieser festgebunden wird. Sobald ein Dutzend oder mehr
am Boot befestigt sind, fährt dieses mit den nebenher schwimmenden
Rindern nach dem Dampfer, wo die Tiere mit Hebemaschinen
an Bord gehißt werden. Ich will noch erwähnen, daß Kapitän
Vancouver gleichzeitig einen Mustanghengst und zwei Stuten
nach Hawaii brachte, die sich dort ebenfalls außerordentlich schnell
vermehrt haben. Jetzt sind die Kanaken, Männer sowohl als
Frauen, ein wahres Reitervolk, und fast jeder von ihnen ist im
Besitz eines Ponys. Durch Einführung von Zuchttieren wurden
die Hawaiischen Rinder und Pferde sehr veredelt. Heute findet
man auf den Sandwichinseln die prächtigsten Pferde und vortreffliches Hornvieh.

Gegen Mitternacht erreichten wir den uns bereits bekannten
Landungsplatz Kawaihae, wo wir in ruhigem Fahrwasser bis
Tagesanbruch liegen blieben und dann nach Mahukona dampften.
Wir waren also um die große Insel Hawaii, welche die Gestalt
eines unregelmäßigen Dreiecks hat, ganz herumgefahren. Die
Insel ist in ihrer größten Ausdehnung 93 engl. Meilen (149 km)
lang von Norden nach Süden und 73 Meilen (117 km) breit
von Osten nach Westen. Sie enthält einen Flächenraum von
4210 engl. ☐ Meilen (10 796 qkm) und ist ungefähr halb so
groß wie die Insel Sardinien.

Mahukona, der erste Platz, den wir auf der Insel Hawaii
berührt hatten, ist der Verschiffungsort für den bedeutenden

Kohala-Zuckerdistrikt. Es befinden sich dort ansehnliche
Lagerhäuser und ein großer Kaufladen, in welchem alle möglichen
Gegenstände für den Bedarf der Zuckerpflanzungen feilgeboten
werden. Am Landungsplatze lagen förmliche Berge von Brettern
und Bohlen aufgestapelt, die nach dieser holzarmen Gegend vom
Puget Sund eingeführt werden.*) Eine engspurige Eisenbahn
läuft von Mahukona nach Niulii, das im Herzen des Kohala-
Zuckerdistrikts liegt. Da unser Dampfer den Tag über bei
Mahukona verweilen und Zucker einladen sollte, so benutzte ich
die Mußezeit für einen Ausflug nach Niulii.

In Mahukona machte ich die Bekanntschaft des honorable
Mr. Parker, eines stattlichen Kanaken, der früher ein Mitglied
der Nobeln im hawaiischen Parlamente war und auf den Inseln
wegen seiner Gastfreundschaft einen beneidenswerten Ruf genießt.
Mr. Parker, der glückliche Besitzer von 25000 Stück Rindvieh
auf der Insel Hawaii, war in dem „Store" von einer ihn
bewundernden Schar Kanaken, Portugiesen und Mischlingen
umgeben, die seinem Spiel auf einer großen Ziehharmonika mit
Andacht lauschten. Herr Parker, der ein vorzügliches Englisch
sprach und den ich, falls seine Hautfarbe weiß gewesen wäre,
für einen flotten Californier gehalten hätte, mußte an meiner
bescheidenen Person Wohlgefallen gefunden haben, denn er stellte
sich mir sofort vor und lud mich zu einem drink ein, der aus
einer Flasche Röderer bestand, wofür er fünf Dollars bezahlte.
Einige echte Havannazigarren — vier für einen Dollar! — die

*) Im Februar 1888 riß eine gewaltige Flutwelle, die wahrscheinlich durch
ein unterseeisches Erdbeben verursacht wurde, die Lagerhäuser und Holzvorräte
bei Mahukona fort und richtete dort großen Schaden an. Solche Flutwellen
ereignen sich nicht selten bei den Sandwichinseln. Die verheerendsten fanden
an der Küste der Insel Hawaii in den Jahren 1837 und 1841 statt. Am
10. Mai 1877 überschwemmte eine starke Flutwelle die Küsten fast aller Inseln.

er so nebenbei wegschenkte, erhöhten meine Achtung vor ihm um ein Bedeutendes. Seine Einladung, ihn eine Woche auf seiner „Ranch" zu besuchen, lehnte ich aber höflich ab.

Die engspurige Eisenbahn von Mahukona nach Niulii führt den bezeichnenden Namen „krumme Eisenbahn". Auf einer Strecke von nur 20 englischen Meilen (32 km) befinden sich auf derselben 25 außerordentlich kurze Biegungen, von denen eine einen Halbmesser von nur 76 Fuß hat. Die meisten von ihnen liegen auf den dort erbauten 17 Brücken, von denen nicht eine eine gerade Richtung einnimmt. Jede dieser Brücken über- spannt das obere Ende einer der zahlreichen vom Meere sich ins Land hineinziehenden Schluchten, in welchen sich das Bahnbett hin und her schlängelt. Die ersten Meilen dieses sonderbaren Schienenweges führen durch eine wüste, mit großen und kleinen Steinen ganz übersäete Gegend. Zahllose, meistens halbzerfallene niedrige Steinwälle umschließen dort mitunter kleinere Boden- flächen. Eine Menge Rinder und Pferde, denen das zwischen dem Felsgeröll emporsprießende Gras zur Nahrung dient, belebt den öden Landstrich.

Etwa vier engl. Meilen (6½ km) von Mahukona liegt hart am Meeresufer auf einem 60 Fuß hohen Felsvorsprung die Ruine des Tempels Heiau-Hawi, der von Kamehameha I. in der Nähe dieses seines Geburtsortes erbaut wurde. Die Ruine, welche 100 Fuß lang und 60 Fuß breit ist, besteht aus einem Wall von lose aneinander gelegten großen und kleinen Steinen. An der Seite, die dem Meere zugewandt ist, befindet sich ein auf Felsfüßen ruhender ausgehöhlter Opferstein, auf welchem in alter Zeit den Göttern Menschenopfer dargebracht wurden. Den Getöteten löste man das Fleisch von den Knochen und warf dieses den heiligen Haifischen (mano-lanakas, die nach dem hawaiischen Glauben Menschengestalt annehmen konnten) als Futter vor. Gab es keine Kriegsgefangene, und waren sonst keine passenden Leute da, die geopfert werden konnten, so dienten gebratene Schweine als Ersatz. Der Tempel soll von mehreren tausend Kanaken in einer Nacht erbaut worden sein, und zwar auf die Weise, daß jene sich in einer etwa zwei englische Meilen (3 km) langen Linie aufstellten und dann die Steine von Hand zu Hand einander zuwarfen. Solche Tempelruinen sind auf den Sandwichinseln viele zu finden. In der Regel liegen sie nahe am Meeresufer oder auf einem hohen Hügel. Im inneren Raume befanden sich mehrere Terrassen. Ein Dach hatten diese Tempel nicht. Der äußere Wall, welcher eine Höhe von 8 bis 20 Fuß erreichte, war mit scheußlichen Götzenbildern verziert. Auf der Insel Hawaii liegt auf der Hochfläche zwischen den drei großen Vulkanen Mauna Loa, Mauna Kea und Huálalai der noch ziemlich gut erhaltene, von dem alten Könige Umi erbaute Tempel Kaili. In seiner Nähe stehen mehrere aus Lavablöcken errichtete Pyramiden.

Als die Steinwüste hinter uns lag, gelangten wir in eine fruchtbare, meistens mit Zuckerrohr bebaute hügelichte Gegend. Pflanzerwohnungen, lange Wasserleitungen und Reihen von weiß getünchten Arbeiterhütten blickten zwischen Äckern, Bäumen und grünen Hügeln hervor. Mitunter fuhren wir in der Nähe von Feldern vorbei, auf denen das Zuckerrohr entweder hoch emporsproßte, oder in Halmbüscheln als zweite Ernte wuchs. Kleine Buchten, in denen Fischerböte lagen, erstreckten sich vom blauen Meere ins Land hinein. Oft fuhren wir nahe am Strand entlang, den die weiße Brandung malerisch umsäumte. Unter den Bäumen fielen die fremdartig aussehenden Lauhalas (Pandanus), deren Stamm auf einem sich hoch über der Erde ausbreitenden Wurzelgeflecht steht, besonders ins Auge. Die mit Dornen an beiden Seiten und an der Mittelrippe besetzten Blätter dieser Bäume winden sich nach Art eines Korkziehers und bilden am Ende eine Krone, die Ähnlichkeit mit einem

Fichtenzapfen hat, weshalb der Baum auch screw pine genannt wird. Aus den schmalen drei bis vier Fuß langen lederartigen Blättern verfertigen die Eingeborenen hübsche Matten und allerlei Flechtwerk.

Hier und dort gewahrte ich lange, über einander liegende berieselte Beete. Auf denselben war Taro (Arum esculentum) angepflanzt, ein Knollengewächs, woraus das den Eingeborenen hauptsächlich zur Nahrung dienende Poi bereitet wird. Die Tarowurzel, welche an Gestalt und Größe einer breiten Rübe ähnlich ist, wächst nur im Sumpfland, oder sie muß beim Anbau künstlich bewässert werden. Um Poi herzustellen, läßt man die Tarowurzeln zuerst in einem meistens unter der Erde angelegten Ofen backen; dann werden sie in einem großen ausgehöhlten Stein oder auf einem Brett entweder mit einem Steinkolben oder mit einem aus harter Lava verfertigten Hammer, der die Form eines Steigbügels hat, gestampft und mit Wasser vermischt, bis ein dicker Kleister entsteht. Diesen genießt man mitunter frisch, wenn er noch süßlich ist; in der Regel wird die Masse aber einige Tage ruhig hingestellt, bis sie in Gährung übergeht. Nach der Gährung nimmt das jetzt fertige Poi eine bläuliche Färbung an und bildet einen säuerlich schmeckenden Brei, der außerordentlich nahrhaft ist.

Die Kanaken setzen sich bei einer Poi-Mahlzeit gewöhnlich mit untergeschlagenen Beinen auf Matten auf die Erde, jeder von ihnen eine Schale oder eine Kalabasse mit Poi vor sich, oder sie langen allemiteinander in ein größeres mit diesem ihrem Lieblingsgericht gefülltes Gefäß hinein. Der Zeige- und Mittelfinger der rechten Hand werden dabei tief in den Brei hineingesteckt, beim Herausnehmen in eine drehende Bewegung versetzt und dann bis über den Mund gehoben, wobei man den Kopf in den Nacken legen muß, so daß das Poi in die Kehle träufeln kann, — eine Art und Weise des Essens, die ziemlich viel

Übung erfordert, damit man sich dabei nicht das Gesicht mit
Poi beschmiert. Die Weißen, welche hierin weniger geschickt als
die Kanaken sind, benutzen statt der Finger in der Regel eine
Gabel oder einen Theelöffel. Im Hawaiian Hotel wurden ge-
kochte Tarowurzeln täglich als Gemüse aufgetischt; Poi gelangte
dort nicht auf die Tafel. Ich kann nicht sagen, daß ich an dem
fade schmeckenden Taro Gefallen fand, obgleich man sich leicht
an den Geschmack gewöhnen und das Gericht dann sogar lieben
soll. Taromehl bildet bereits einen Ausfuhrartikel der hawaiischen
Inseln.

In Niulii war weiter nichts zu sehn, als eine große
Zuckermühle, die aber zur Zeit meines Besuchs ausgebessert
wurde und stille stand. Dicht bei der Mühle vereinigen sich
mehrere, sieben bis acht englische Meilen (11 bis 13 km) lange,
auf Holzböcken ruhende und sich netzartig durch die Felder ver-
breitende Wasserleitungen, vermittelst welcher das Zuckerrohr, sobald
es geschnitten ist, dorthin geschwemmt wird, was die Benutzung
von Fuhrwerken überflüssig macht. Der in Niulii angestellte
Maschinist teilte mir mit, daß daselbst täglich etwa 11 Tons
(22000 ℔) Rohzucker in drei, mitunter in vier Abstufungen
hergestellt würden. Die übrig bleibende Melasse ließe man in
die See laufen. Nur in Honolulu wäre es möglich, mit Nutzen
Rum aus dem Abfall zu destillieren, d. h. falls die hohe Lizenz
verringert würde. Im Kohala-Zuckerdistrikt ist die Ernte ganz
vom Regenfall abhängig. Der Zuckerertrag beläuft sich dort
durchschnittlich auf 12000 Tons im Jahre.

Nachmittags um zwei Uhr langte ich wieder in Mahukona
an, und bald darauf dampfte der Kinau durch den sehr bewegten
Alenihaha-Kanal nach der Insel Maui hinüber. Zum ersten
Mal sah ich jetzt den prächtigen Vulkan Hualalai, der wie
zum Abschiedsgruß seine 8275 Fuß (2523 Meter) hohe Kuppe
hinter uns in den sonnenhellen Äther emporhob. Aber bald

entzog sich der schöne Bergkoloß unseren Blicken, und allmählich tauchte die große Insel Hawaii mit ihren Riesenvulkanen, Wäldern und Felshängen in die blaue See.

Während der Fahrt nach Maui unterhielt ich mich lebhaft mit einem kleinen klugen Japaner, der sich mir vorgestellt hatte und nicht nur englisch, sondern auch ein wenig deutsch sprach. Mein neuer Freund aus dem Reiche des Mikado war der japanische Dollmetscher, Herr K. Nagano, ein zutrauliches Männchen. Leider paßten sein kurzes und struppiges pechschwarzes Haar, sein asiatisches Gesicht und die europäischen Kleider, welche er trug, gar nicht zusammen. Man kann nicht umhin zu bedauern, daß alle Japaner, die zur besseren Gesellschaftsklasse gehören, ihre charakteristische orientalische Tracht sofort in der Fremde ablegen und sich bemühen, ihr Äußeres dem der Europäer und Amerikaner so viel wie möglich gleichzustellen. Herr Nagano war ein Bewunderer Bismarcks und schätzte die Deutschen sehr hoch. Er erzählte mir, daß er laut einer Vereinbarung der japanischen Regierung mit der des Königreichs Hawaii (welchen Vertrag diese aber gekündigt hat) von letzterer einen Monatsgehalt von sechzig Dollars als Dollmetscher beziehe. Jeder größeren Abteilung Japaner wird auch noch ein Arzt zugesellt, der gleichfalls einen Monatsgehalt von sechzig Dollars erhält.

Die Nacht war bereits angebrochen, als wir die Insel Maui erreichten. Aus der Kajüte erscholl froher Gesang und Gläserklang. Der honorable Mr. Parker, der in Mahukona an Bord gestiegen war, feierte den Weihnachtsabend im Kreise seiner Freunde mit Poi und Champagner. Seiner Einladung, an dem Festgelage teilzunehmen, konnte ich mich nicht entziehen. Bald saß ich an der Kajütentafel unter einer auserlesenen Gesellschaft von Kanaken, Mischlingen und Schiffsvolk, die den aufmarschierten Sektflaschen mit geschickter Hand die silbernen Hälse öffneten und sich das perlende Naß gut schmecken ließen.

Hier aß ich zum erstenmal Poi, aber nicht mit den Fingern, sondern mit einem Theelöffel, den ich nach der Anweisung meines Freundes Parker in den dicken Brei tunkte und beim Heraus- nehmen schnell drehte, so daß der klebrige Stoff daran hängen blieb. Daß mir der säuerliche Kleister gut schmeckte, möchte ich nicht behaupten, obgleich Parker die Vortrefflichkeit desselben pries. Lange hielt ich es nicht in der mit Tabakrauch dicht angefüllten Kajüte aus, wo die Kanaken und Mischlinge sich mit dem Vortrag von Gesängen zu überbieten suchten, deren Inhalt allerdings an Urwüchsigkeit nichts zu wünschen übrig ließ, die aber eine so eigentümliche Klangfarbe hatten, daß ich mich für den musikalischen Teil derselben nicht zu begeistern vermochte.

Herrlich war es auf dem Verdeck des Kinau, der im silbernen Mondlicht nahe an der Küste von Maui entlang dampfte, über welche sich der Haleakalá (das Haus der Sonne) 10032 Fuß (3059 Meter) emportürmte. Der alte ausgebrannte Gipfelkrater dieses Vulkans, der größte Krater auf der Erde, hat nach der neuesten Messung des Professors W. D. Alexander einen Umfang von 20 englischen Meilen (32 km). Seine größte Länge von Osten nach Westen beträgt 7½, seine Breite an der schmälsten Stelle 2¼ engl. Meilen (12 und 3⅗ km) und er bedeckt einen Flächenraum von 16⅓ engl. ☐ Meilen (42 qkm). Der westliche Wall erhebt sich bis zu 2720 Fuß über den Kraterboden, mit einer Neigung von 70 Grad. Die Durch- schnittstiefe des Kraters beträgt 1500 bis 2000 Fuß. An seiner Nord- und an seiner Ostseite befinden sich zwei riesige Öffnungen, durch welche die Lavawogen einst einen Ausweg nach dem Meere fanden. Die zahlreichen wilden Rinder, welche sich jetzt in ihm aufhalten, gelangten durch jene Öffnungen in den unge- heuren Schlund. Der Krater des Haleakalá ist eine Caldéra wie der Kilauéa, aber mit dem Unterschied, daß in jenem zahlreiche Aschenkegel, von 100 bis 700 Fuß Höhe, liegen. Die Aussicht vom Kraterrand in die gewaltige, von fast senkrechten Felswänden eingeschlossene finstere Caldéra und die Fernsicht nach den anderen Inseln, namentlich auf die drei Riesenvulkane Hawaiis Mauna Kea, Mauna Loa und Huálalai, soll überaus großartig sein. Im Winter ist der Gipfel aber gewöhnlich von Wolken verschleiert, weshalb es nicht anzuraten ist, den Vulkan in dieser Jahreszeit zu besteigen. Als der Haleakalá noch in voller Thätigkeit war, muß er das großartigste Bild vulkanischer Gluten zur Schau getragen haben, das die Erde je gesehen hat. Geologen behaupten, daß dieser Riesenvulkan in verhältnismäßig neuerer Zeit erloschen ist. Mehrere Jahrhunderte sind aber jedenfalls seitdem verflossen, denn die mündlichen Überlieferungen der Eingeborenen aus ältester Zeit wissen nichts von vulkanischen Ausbrüchen auf der Insel Maui zu erzählen.

Wo sich die Insel Maui bei der Maalaea-Bai verengt, wurden Reisende in Böten ans Land gesetzt und andere an Bord genommen. Das sandige Ufer leuchtete dort goldig im Mondlicht. Reisende werden in Stellwagen über die nur sechs englische Meilen (9³/₅ km) breite Landenge nach den am nördlichen Ufer der Insel liegenden Ansiedelungen Kahului (Káchului) und Wailuku und nach der großen Zuckerpflanzung bei Spreckelsville befördert, über welche ich später ausführlich berichten will. (Siehe Kapitel XVI).

Bei stürmischem Wetter ist das Landen der Böte am Ufer der Maalaea-Bai der Schrecken aller Reisenden, die alsdann lieber mit einem anderen Dampfer auf der nördlichen Linie von Honolulu nach Kahului fahren. Um Mitternacht hielt unser Dampfer wieder kurze Zeit vor Lahaina, das ehemals als Sitz der Regierung und Station der Walfischfahrer ein sehr lebendiger Platz war, heute aber nur ein schläfriges Dorf ist. In West-Maui, einem uralten, vom Haleakalá ganz getrennten vulkanischen Gebiet, das sich bis 5820 Fuß (1774 Meter) über den Meeresspiegel erhebt, liegt die malerische Felsschlucht Jao, mit 2000 bis 3000 Fuß hohen Abhängen und Hunderten von kleinen Wasserfällen, die an Großartigkeit dem weltberühmten Josémitethal in Californien ebenbürtig sein soll.

Als wir Lahaina verließen, warf ich noch einen Blick auf das im Mondlicht silbern blinkende Meer, auf die Palmen am Strande von Maui und auf den sich hinter uns finster empor-türmenden Haleakalá, und dann suchte ich mein enges Nachtlager auf. Einen lichterblitzenden Tannenbaum hatte mir dieser Weih-nachtsabend nicht geschenkt; aber als schöne Erinnerung an das ferne Tropenland Hawaii ist er mir dennoch unvergeßlich geblieben. Als ich am Morgen des 25. Dezembers erwachte, lag der Dampfer Kinau bereits an seiner Landungsbrücke in Honolulu.

Elftes Kapitel.

Gesellschaftliches Leben in Honolulu. — Verkehr unter den Deutschen. — Misch-
ehen. — Cocktails und Poker. — Eine Stadt voll von Telephonen. — Kost-
spieliger Haushalt. — Kalakaua und seine Vorgänger. — Ein gewissenloser
Herrscher. — Die zwei großen Revolutionen. — Claus Spreckels und Kalakaua.
— Königliche Freudenfeste. — Ein zweiter Prinz Heinz. — Hula-Hulas im
Boothause. — Ein Luau. — Geburtstagsbesuch bei der Königin Kapiolani. —
Großer Empfang im Palast. — Neujahrsbesuche.

Während der nächsten zwei Wochen lernte ich das gesellschaft-
liche Leben in Honolulu näher kennen. Von meinen verheirateten
Landsleuten wurde ich in ihre Familienkreise eingeführt, wo ich
manchen sehr angenehmen Abend verlebte. Die meisten von
jenen Deutschen waren Teilhaber bedeutender kaufmännischer
Geschäfte, Inhaber großer Kommissionshäuser (die Zucker und
Reis verschiffen, den Pflanzern Vorschüsse machen und sie mit
Waren versorgen), Besitzer von Zuckerpflanzungen u. s. w. —
mit einem Wort, reiche Leute. Die Einrichtung ihrer Wohnungen
war ohne Ausnahme nicht nur äußerst bequem und dem tropischen
Klima angemessen, sondern oft glänzend. Die geschmackvoll aus-
gestatteten geräumigen Zimmer, die vielen tropischen Pflanzen,
die herrlichen Gärten mit ihren Rasenplätzen, Bosketts und
Reihen prächtiger Königspalmen bewiesen, daß die in Honolulu
wohnenden Deutschen die Kunst verstanden, ihr Leben dort durch
eine anmutige Umgebung angenehm zu gestalten. Das deutsche

Reich wird durch Herrn H. F. Glade, Teilhaber des großen
Hauses H. Hackfeld & Comp., vertreten, der mir auf die liebens-
würdigste Weise entgegenkam.

Die Gastfreundschaft, welche ich in Honolulu in so über-
reichlichem Maße genoß, hatte nichts von der Aufdringlichkeit
und dem Großthun reicher Emporkömmlinge aufzuweisen. Wiederholt habe ich dort an größeren Gesellschaften teilgenommen, die
so angenehm verliefen, als befände ich mich in den gewählten
Kreisen einer großen deutschen Stadt, nicht in einem vom Welt-
verkehr fern entlegenen überseeischen Platze. Die Speisen und
Getränke, die Aufwartung, Ausstattung u. s. w. — kurzum, alles
und jedes, was von einer feinen Tafelrunde verlangt wird, war
musterhaft. Nur der prangende lange Tischläufer, der als Blumen-
beet auf der Tafel angebracht war, erinnerte mich daran, daß
ich mich hier in einer Tropenstadt, nicht in Deutschland oder in
Amerika aufhielt. Auffallend war auch die Abwesenheit von
Damen bei Tisch. Dies erklärte sich dadurch, daß die Gastgeber
hawaiische Frauen hatten, denen die deutsche Sprache nicht
geläufig war, und die sich deshalb bei solchen Gelegenheiten am
liebsten in ihre Gemächer zurückziehen.

Bei manchen von unseren in Honolulu ansässigen Landsleuten ist dies der Fall. Den vor einem Menschenalter dort
eingewanderten Deutschen blieb, falls sie ihr Leben nicht als
Junggesellen beschließen wollten, keine andere Wahl, als sich
unter den Töchtern des Landes eine Gattin zu wählen. Nicht
wenige von jenen brachten es zu hohem Wohlstand und Ansehn,
sie bewegen sich in den besten Gesellschaftskreisen, und so war
es ganz natürlich, daß ihre Töchter von später einwandernden
Deutschen wieder zu Frauen genommen wurden. Auf den
Sandwichinseln hat sich auf diese Weise eine Mischlingskaste
gebildet, deren Nachkommen ganz und gar Hawaiier sein werden.
Die zahlreichen Kinder in diesen Familien kann man, ohne zu

übertreiben, als hübsch bezeichnen, und es befinden sich unter den
herangewachsenen jungen Damen Schönheiten ersten Ranges.
Manche von ihnen haben eine vorzügliche Erziehung in Deutschland oder in Amerika genossen; aber sie stehn trotzdem in der
Gesellschaft vor den Vollblut-Weißen, welche die erste Rangstufe
bilden, wenn auch nur in geringem Maße, zurück. Meistens
sprechen sie englisch, wogegen ihre Mütter heute noch fast nur
hawaiisch reden. Bemerkenswert ist, daß Mischehen weit häufiger
von Deutschen als von Mitgliedern anderer europäischer
Nationalitäten geschlossen werden.

Die liebenswürdige Aufnahme, welche ich in den deutschen
Kreisen der Stadt Honolulu gefunden habe, ist mir eine angenehme Erinnerung geblieben. Wenn ich etwas an der großen
Gastfreundschaft auszusetzen habe, so ist es der übermäßige Auf-
wand in feinen Weinen, wobei der Champagner eine große Rolle
spielt und namentlich der unvermeidliche „Cocktail", der sofort
für den Gast von kundiger Hand zubereitet wird. Von letzterem
Getränk habe ich in Honolulu in vier Wochen mehr zu mir
nehmen müssen, als ich davon in San Francisco in 25 Jahren
genossen habe. Das Pokerspiel, welches den Schluß fast einer
jeden Abendgesellschaft bildet, stammt, ebenso wie der Cocktail,
aus Amerika. Ich kann nicht umhin zu bemerken, daß das
Pokerspielen seinen Verehrern eigentlich ein geistiges Armuts-
zeugnis ausstellt, denn gebildete Männer sollten doch den Aus-
tausch des lebendigen Worts einem so anrüchigen Spiel vorziehen.
Ohne Kartenspiel scheinen die Honoluluer überhaupt nicht leben
zu können. Vom Könige Kalakaua herab bis zum Stiefelputzer
spielt dort allewelt Poker, Sevenup, Kribbage und Skat. Nur
das geistvolle Whist wird vernachlässigt.

Solche unter den deutschen Junggesellen, die in den großen
Geschäftshäusern und Banken angestellt sind, halten in neuerer
Zeit gern gemeinschaftlich Haus — drei oder vier von ihnen

8*

zusammen. Sie mieten eine große Wohnung, beschäftigen chinesische oder japanische Diener und Köche und führen ein recht zufriedenes Dasein, wobei Poker und Cocktails natürlich nicht zu den verbotenen Freuden gehören. In früheren Jahren bestand in Honolulu ein deutscher Klub, der aber infolge dieser Abgeschlossenheit der jüngeren Männer, die jetzt in kleinen Kreisen meistens unter sich verkehren, nicht länger bestehen konnte. Die ziemlich zahlreiche deutsche Mittelklasse (Gewerbtreibende, kleinere Kaufleute, Handwerker u. s. w.) hat einen Gesangverein Arion gegründet, von welchem mitunter recht hübsche Abendunterhaltungen veranstaltet werden. Deutsche Sitte, deutsche Sprache, Musik und Gesang werden dort gepflegt. In den Räumen des „englischen Klubs" finden die Fremden stets eine freundliche Aufnahme.

Daß Droschken in Honolulu beim Besuchabstatten unentbehrlich sind, wurde bereits erwähnt. Ist die Zeit zum Abschiednehmen gekommen, so wird durch das in jedem größeren Hause angebrachte Telephon eine Kutsche herbeigerufen, die sich, einerlei zu welcher Stunde in der Nacht, in kurzer Zeit einfindet. Ich möchte bezweifeln, daß es eine zweite Stadt in der Welt giebt, die im Verhältnis zur Bevölkerungszahl so viele Telephone aufzuweisen hat, wie Honolulu, wo ein solches zu jeder besseren Hauseinrichtung gehört. Viele Häuser besitzen sogar zwei Fernsprecher, weil es in Honolulu zwei Telephon-Linien giebt, die einander grimmig befehden, und man nicht immer sicher ist, mit einem bestimmten Instrumente eine Botschaft an die richtige Stelle senden zu können. In der Stadt giebt es tausend Telephone, die auch mit den auf der Insel Oahu liegenden Zuckerpflanzungen und Ansiedelungen in Verbindung stehn. Sogar der König entbietet oft seine Busenfreunde durch das Telephon zum Pokerspielen nach dem Palast. — Erwähnen muß ich noch die große Sicherheit in den Straßen und Wohnungen, bei Tage und in der Nacht. Niemand verschließt in Honolulu

des Nachts seine Hausthür oder sein Schlafzimmer. Raubanfälle
oder Diebereien sollen dort so gut wie gar nicht vorkommen. Es
mag dies daran liegen, daß es für einen Spitzbuben außerordentlich schwierig ist, von den Inseln zu entweichen, denn es
wäre merkwürdig, wenn die zahlreichen Chinesen, Portugiesen,
Mischlinge u. s. w., die doch die Ehrlichkeit gewiß nicht auf ihre
Fahne geschrieben haben, in Hawaii samt und sonders Muster
der Tugend geworden sind.

Die Führung des Haushalts ist in Honolulu recht kostspielig.
Eine größere Familie, die zur besseren Gesellschaftsklasse gehört,
ist gezwungen, mehrere chinesische Diener, einen Kutscher, Koch
und Gärtner, die jeder einen Wochenlohn von 5 bis 7 Dollars
erhalten, und außerdem noch eine Gouvernante und ein Kinder-
mädchen anzustellen. Die Wäsche ist für Familien mit zahlreichen Kindern sehr teuer, da diese ihre Kleider wegen des feucht-
warmen Klimas täglich oft zwei Mal wechseln müssen. 500 bis
700 Stück Wäsche in einer Woche ist nichts Außergewöhnliches!
Die laufenden Ausgaben stellen sich für eine solche Familie, die
anständig Haus halten will, auf 10 000 bis 12 000 Dollars das
Jahr. Alle feineren Lebensmittel werden aus San Francisco
eingeführt. Die Preise von Fleisch, Federvieh, Gemüse, Butter
und Eiern, von eingemachten Früchten u. s. w. sind sehr hoch.
Unter den einheimischen Früchten sind Ananas und die wohlschmeckenden kleinen Erdbeeren besonders hervorzuheben. Letztere
gleichen den deutschen Walderdbeeren und gelangen während zehn
Monaten im Jahr zur Reife. —

Den Mittelpunkt für Tafelfreuden, Pokerspiel, zügellose
Gelage u. s. w. bildet His Majesty, der aber in neuerer
Zeit, infolge seiner etwas knapper gewordenen Geldmittel, nicht
mehr so flott wie ehedem über die Stränge schlagen kann.
David Kalakaua I. wurde nach dem Dahinscheiden seines
Vorgängers Lunalilo durch den Einfluß der Weißen, insbesondere

durch den der Missionäre, am 13. Februar 1874 zum Könige gewählt. Die alte Königsfamilie der Kamehamehas ist fast ausgestorben, weshalb zu einer Neuwahl geschritten wurde. Die Kanaken hätten gern die seitdem verstorbene, sehr beliebte Königin Emma, die Gemahlin des vorletzten Kamehameha, auf den Thron gesetzt, die aber den Weißen nicht genehm war. Die Wahl fiel auf Kalakaua, der von einem hohen Häuptling (Alii) abstammt. Von den Kanaken wird Kalakaua nicht besonders hoch geschätzt, aber sie geben sich mit ihm zufrieden, weil kein besserer Mann als er zu finden ist, der das Scepter Kamehamehas des Großen tragen kann. Auf den Sandwichinseln ist überdies der Einfluß der Amerikaner maßgebend, und da die große nordamerikanische Republik die Inseln nicht in Besitz nehmen will und gegen Kalakaua als Herrscher nichts einzuwenden hat, so sitzt dieser trotz seiner unwürdigen Amtsführung bis jetzt noch ziemlich sicher auf seinem Thröndchen.

Von dem Vorgänger Kalakauas, dem Könige Lunalilo, erzählt man sich Geschichten, die kaum sauberer sind als die, welche das Sündenregister des jetzigen Kanakenherrschers bilden. Daß Lunalilo, trotz seiner wie es heißt hohen geistigen Anlagen, oft frühmorgens im Rinnstein lag und in den Palast getragen werden mußte, war das Geringste, was man ihm nachsagte. So etwas kommt bei dem gegenwärtigen Beherrscher der Sandwichinseln allerdings nicht vor, denn dieser läßt sich so leicht nicht unter den Tisch trinken. Die Liederlichkeit und Trunksucht und das in Geldangelegenheiten außerordentlich weite Gewissen Kalakauas sind sprichwörtlich geworden. Die Zeitungen in Honolulu reden ganz unverfroren über ihn und zwar in einer Sprache, die in Rußland den Herren Herausgebern unbedingt hundert Knutenhiebe und freie Beförderung nach Sibirien, in anderen monarchisch regierten Ländern zum mindesten eine Ausweisung verschaffen würde. Aber im Königreiche Hawaii kann

man straflos alles mögliche mit Druckerschwärze in die Welt
schicken. Spottgedichte auf Kalakaua werden in Honolulu in
den Buchläden ohne Scheu verkauft. Von seinen krummen
Geldgeschichten ist der zweimalige Verkauf derselben Opiumlizenz, jedesmal für sage 71000 Dollars an zwei Chinesen kurz
nacheinander, vielleicht die empörendste gewesen. Wie viel Kalakaua
von dieser Summe selbst eingeheimst hat, läßt sich nicht nachweisen, da er anderen Leuten die Schuld in die Schuhe schob.
Jedenfalls steckten er und seine Busenfreunde die doppelt erhobene
Summe ganz ruhig in die Tasche, und der betrogene Mongole,
welcher die Erlaubnis zum Opiumverkauf, über welche bereits
verfügt worden war, rechtmäßig zu erwerben vermeinte, soll sich
infolge des Schwindels sogar das Leben genommen haben. Dieser
allem Rechtsgefühl Hohn sprechende Handel hätte sich allenfalls
für einen chinesischen Mandarin oder für einen türkischen Pascha,
nicht für den Herrscher des unter civilisierten Gesetzen regierten
Königreichs Hawaii gepaßt.

Im Jahre 1887 trieb Kalakaua es so arg, daß unter den
in Honolulu lebenden Weißen eine Revolution gegen ihn
ausbrach, an deren Spitze die aus 2500 Mitgliedern bestehende
sogenannte Reform-Partei stand, welche namentlich die unsinnigen
Geldausgaben verringern wollte. Sein Hauptratgeber, ein ge-
wisser Gibson, wurde fortgejagt und flüchtete nach San
Francisco, wo der Biedermann bereits das Zeitliche gesegnet
hat. Eine Massenversammlung der Bürger unterbreitete dem
Könige eine Klageschrift, die an Deutlichkeit nichts zu wünschen
übrig ließ. Die bewaffnete Legion der Weißen (Honolulu
Rifles) besetzte die Stadt. Als Kalakaua sein Kriegsheer von
75 Mann zur Verteidigung des Palastes herberief, meldeten sich
von den kühnen Soldaten nur dreizehn Mann, von denen sich
schließlich noch elf unsichtbar machten, so daß die zum Kampf
bereite Armee gerade aus zwei Grenadieren bestand. Wohl-

weislich kroch Kalakaua nun zu Kreuz. Sein ganzes Ministerium mußte abdanken und einem anderen Platz machen, und er unterzeichnete ohne weitere Flausen (am 6. Juli 1887) die ihm vorgelegte neue Konstitution, welche seine Rechte bedeutend beschnitt. In seiner schriftlichen Antwort auf die Klageschrift bestritt er freilich die Gerechtigkeit der Anklage über die doppelt erhobene Opiumlizenz, erklärte sich aber bereit, die Entscheidung darüber dem neuen Ministerium zu überlassen, das die Zurückzahlung der in Frage stehenden Summe von verantwortlichen Personen anordnen sollte. Im Oktober 1888 entschied das Obergericht, daß die gesetzwidrig dem Chinesen abgenommenen 71000 Dollars aus dem Vermögen des Königs zurückerstattet werden müßten, womit sich Kalakaua schließlich zufrieden gab.

Am 30. Juli 1889 fand eine Gegenrevolution in Honolulu statt, die aber ein schmähliches Ende nahm. Ein Mischling mit Namen Wilcox, der auf Kosten der hawaiischen Regierung in der Kriegsakademie in Mailand erzogen worden war, zettelte eine Verschwörung an, um den Eingeborenen die Regierungsgewalt, welche diesen von den Weißen so ziemlich genommen worden war, wieder in die Hände zu spielen. Er hatte etwa 250 Freiwillige bewaffnet, steckte sich in eine bunte italienische Uniform und besetzte bei Tagesanbruch den Palasthof. Eine Kanone, die innerhalb des von einer acht Fuß hohen festen Mauer eingeschlossenen Hofes stand, wurde auf die Stadt gerichtet, aber das Schloß, welches ein Lieutenant Parker mit wenigen Soldaten wacker verteidigte, vermochte Wilcox nicht in seine Gewalt zu bringen. Nach einiger Zeit nahmen fünf Deutschamerikaner den Kampf von den umliegenden Gebänden auf und schossen die Bemannung des Geschützes nieder. Als die Honolulu Rifles sich jenen anschlossen, nahmen die meisten Rebellen Reißaus, oder sie ergaben sich, und schließlich flüchtete sich Wilcox mit 40 Mann, dem Reste seiner Bande, in das

Bungalow, einen innerhalb der Ringmauer stehenden im indischen Stil erbauten Sommerpavillon der Königin. Mehrere Dynamitpatronen, die ein im Ballspiel geübter Amerikaner (ein berühmter Baseball Pitcher) geschickt vom Dache des Opernhauses auf das Dach des Bungalow schleuderte, wodurch dieses in Stücke gerissen ward, bewirkte die schleunige Übergabe des Restes der Aufrührer, die ein weißes Bettuch der Königin als Friedenszeichen aus einem Fenster flattern ließen. Der Verlust der Rebellen auf dem Schlachtfelde betrug 7 Tote und 12 Verwundete — sämtlich Kanaken.

Während des Kampfes hielt sich Kalakaua in seinem Boothause auf, wo er von 12 Veteranen seiner Leibgarde beschützt wurde. Daß er, wie manche behaupteten, bei dieser Revolution die Hand im Spiele hatte, ist sehr unwahrscheinlich, weil dieselbe sowohl gegen ihn als gegen seine weißen Ratgeber gerichtet war. Hieß es doch, Wilcox beabsichtige den König gefangen zu nehmen, ihn zur Abdankung zu Gunsten seiner Schwester Liliuokalani zu zwingen, die Konstitution zu ändern und ein neues Kabinett einzusetzen. Auch gab der König die feierliche Erklärung ab, daß er mit dem Herrn Wilcox nichts zu thun haben wolle. Wie dem auch sei: diese Revolution der Kanaken, die einen ausgezeichneten Text für eine opera bouffe abgeben würde, war sehr schlecht vorbereitet und konnte unmöglich gelingen. Nötigenfalls hätten die Marinemannschaften des im Hafen liegenden V. St. Kriegsdampfers Adams, die sofort nach dem amerikanischen Konsulat rückten und in der Stadt Patrouillendienste versahen, die Aufrührer zu Paaren getrieben. Unangenehme Nachklänge für die Aufrührer hatte die Empörung nicht. Wilcox, der heute in Honolulu wieder eine große Rolle spielt, wurde gar nicht bestraft, die Toten bestattete man, die Fensterscheiben wurden wieder eingesetzt — und damit war die Revolution der Kanaken zu Ende. Eine Folge der Wilcox-Revolution war die Beschränkung des hawaiischen Kriegsheeres von 75 auf 31 Mann im Mai 1890, da die Gefahr, welche dem Lande durch das Bestehen einer großen Armee drohte, augenscheinlich geworden war. Kalakaua gab, trotz seiner Neigung zur Entfaltung militärischen Pomps, mit anerkennenswerter Bereitwilligkeit seine Einwilligung zur Verkleinerung des Heeres um mehr als 50 Prozent, — ein nicht genug zu schätzendes Beispiel für die Abrüstung der gewaltigen stehenden Heere in Europa.

Kalakaua kam die zweite Revolution gewiß sehr ungelegen, denn er wünscht nichts mehr als daß man ihn in Ruhe lasse, damit er sich nach Herzenslust amüsieren kann. Daß seine Mittel ihm dies nicht mehr so erlauben, wie es früher der Fall war, ist heute seine größte Sorge. Trotz eines Jahreseinkommens von etwa 80 000 Dollars hat jener kaffeebraune König in der Südsee Schulden wie ein Major, die sich auf ungefähr 250 000 Dollars belaufen. Seit der ersten großen Revolution wird ihm jährlich eine Summe Geld von seinem Einkommen abgezogen, so daß er seine Schulden allmählich begleichen muß, was ihm gewiß sehr unbequem ist. —

Claus Spreckels, der schon öfters erwähnte „Zucker-könig" in San Francisco, von dem Kalakaua für Rechnung des Königreichs Hawaii große Summen geliehen hatte, überwarf sich mit dem Beherrscher der Sandwichinseln, als dieser im Jahre 1887 zwei Millionen Dollars in London anstatt von ihm zu borgen versuchte. Der über die Winkelzüge seines königlichen Schuldners entrüstete Spreckels gab jenem einen Orden ver-ächtlich zurück (Kalakaua ist mit Ordensverleihungen außer-ordentlich freigebig, namentlich wenn der Empfänger für die Auszeichnung bezahlen muß!) und sprach bei dieser Gelegen-heit, während er dem Könige den rechten Zeigefinger vor die Nase hielt, die geflügelten Worte: „you lie, your Majesty!" — Etwas weniger schroff hatte Spreckels früher einmal über seinen königlichen Freund den Ausspruch gethan: „Der König ist ein ganz guter Kerl, aber er hat mehr Ähnlichkeit mit einem Schuljungen als mit einem Herrscher und Staatsmann." Während einer Reihe von Jahren hatte der plattdeutsche californische Zuckerkönig sehr gute Geschäfte mit Kalakaua gemacht, worunter die Lieferung von einer Million Silberdollars, die Claus in San Francisco prägen ließ, nicht das schlechteste war. Für diese Silberdollars, welche nur einen Metallwert von ungefähr 85 Cents das Stück haben, erhielt Spreckels eine Million Dollars in sechsprozentigen hawaiischen Gold-Bonds. Als Kalakaua andere Verbindungen anknüpfte, war es mit der Freundschaft zwischen den beiden Königen natürlich vorbei.

Trotzdem Kalakaua jetzt nicht mehr die Mittel besitzt, um so kostspielige Feste wie ehedem zu veranstalten, läßt er doch keine Gelegenheit vorübergehen, um recht heitere Gesellschaftsabende und wüste Gelage anzuordnen. Das großartigste Fest fand zur Zeit der letzten Krönungsfeier im Februar 1883 statt, das volle vierzehn Tage dauerte, wobei die Schmausereien und zügellosen Ausschweifungen so gegen Anstand und Sitte verstießen, daß wohlweislich nur bei der eigentlichen Krönung den Weißen der Zutritt im Palast gestattet wurde. Die schmutzigen Vorgänge, welche sich damals im Königspalast unter den Kanaken abspielten, haben, wie man mir in Honolulu erzählte, schwerlich in der Neuzeit in irgend einem Lande der Welt ihresgleichen gefunden.

Heutzutage sind die Offiziere der im Hafen von Honolulu liegenden fremden Kriegsschiffe die bevorzugten Gäste Kalakauas, namentlich die Amerikaner, mit denen dieser sich möglichst gut zu stellen sucht. Nicht nur spielen die amerikanischen Seeoffiziere, die stets mit Geld reichlich versehen sind, gern Poker; Kalakaua weiß auch, daß der gerade in Honolulu anwesende Befehlshaber der amerikanischen Kriegsschiffe von seiner Regierung den Auf-

trag hat, jeden Staatsstreich und jede dort stattfindende Unruhe
sofort mit Waffengewalt zu unterdrücken, und daß jener keinen
Spaß versteht. Weht einmal das Sternenbanner über dem
Palast und besetzen die Theerjacken Onkel Sams mit ihren
Gattling-Kanonen die ihnen in Honolulu für einen solchen Fall
längst angewiesenen Plätze, so ist es wohl mit der Herrlichkeit
Kalakauas auf immer vorbei. In Honolulu sind die amerikanischen Seeoffiziere und Matrosen unter allen fremden Seeleuten
weitaus die beliebtesten, weil sie ohne Ausnahme viel Geld aus-
geben. Während von der Besatzung eines amerikanischen Kriegsdampfers mindestens 25000 Dollars in einem Monat verausgabt
werden, bringt es die Besatzung eines englischen Dampfers nur
auf 4000, höchstens auf 5000 Dollars. Die russischen Seeoffiziere
sind auch reichlich mit Geld versehen, und über einen „Chilenen",
der vor einigen Jahren Honolulu besuchte, war man des Lobes
voll. Die Deutschen und Franzosen sind die allerschlechtesten
Kunden.

Die Gastmähler im Palast werden bald zu Ehren dieses,
bald zu Ehren jenes Seeoffiziers veranstaltet. Auch giebt die
königliche Kapelle ihnen zu Ehren mitunter ein Konzert, was
allemal vorher durch die Zeitungen bekannt gemacht wird. Bei
den Tanzvergnügungen (Hops) im Hawaiian Hotel spielen die
fremden Offiziere die Hauptrolle. Kalakaua erscheint dort auch,
und zwar im schwarzen Gehrock und ohne Orden, und läßt sich
die Fremden vorstellen. Jedermann redet ihn „Your Majesty"
an, und zwar ganz vertraulich, wie man z. B. jemanden in
Amerika „Captain" oder „Colonel" betitelt, ohne dabei an Ehrfurcht zu denken. Fremde zu empfangen, hat Kalakaua bei seinen
Besuchen in den Vereinigten Staaten und während seiner Reise
um die Welt (im Jahre 1881) an den auswärtigen Höfen gut
gelernt. Er spricht fließend englisch, und seine stattliche Erschei-
nung, sein würdevolles Benehmen, das er bei solchen Gelegen-

heiten hervorkehrt, haben schon manchen, der seine Eigentümlichkeiten nicht kennt, für ihn eingenommen. Kalakaua, der am
16. November 1836 geboren wurde, sieht noch sehr rüstig aus,
und man könnte ihn für einen Vierziger halten. Noch besser als
er versteht sein Ceremonienmeister J-au-téa die Würde zu
wahren. J-au-téa ist ein Mischling-Kanake von auffallend männ-
licher Schönheit. Im Umgang zeigt er seine aristokratische
Manieren. Eine Stellung als Ceremonienmeister würde er an
jedem europäischen Hofe mit Glanz ausfüllen.

Die Königswürde wird dem Beherrscher der Sandwichinseln
mitunter recht lästig, und in lustiger Gesellschaft entpuppt er sich
als der wahre Prinz Heinz. Einen praktischen Scherz nimmt
er durchaus nicht übel, weshalb er den Amerikanern, die ihn
sozusagen auf Du und Du behandeln, auch gut gefällt. „He is
a splendid fellow!" (er ist ein prächtiger Kerl) hörte ich öfters
bemerken. Eines Abends hatte ich bei einem großen Ballfest im
Hawaiian Hotel, wobei auch Kalakaua anwesend war, als Zuschauer auf der Veranda Platz genommen. Ich bewunderte die
bunt schillernden Gewänder und die Junonischen Gestalten der
weißen und der bräunlich angehauchten, mit Rosen geschmückten
Damen der feinen Welt Honolulus, das farbenreiche Gepränge
in den von elektrischen Glühlampen erleuchteten Räumen und
das Menschengewoge, und lauschte den Tanzweisen des vortrefflichen Orchesters — als der König in meiner Nähe in eins der
offen stehenden kleinen Gemächer trat, wo ein halbes Dutzend
mit Wein gefüllte Karaffen, Gläser u. s. w. auf einem kleinen
Tisch standen. His Majesty öffnete nacheinander drei Flaschen,
roch hinein und steckte die Glaspfropfen mit sichtlichem Wider-
willen wieder in den Hals derselben, denn Sherry und Port
war entschieden nicht, was er suchte. Mit den Fingern laut
schnippend rief er einem chinesischen Aufwärter zu: „John, bring
me some Gin!" was der schlitzäugige Mongole denn auch

prompt besorgte. Nachher setzte sich Kalakaua mit einigen Amerikanern in dasselbe Zimmer, spielte dort bei offenen Thüren Poker, trank Champagner, riß Witze u. s. w., ohne der während der Tanzpausen oft auf der Veranda dicht bei ihm vorbei wandelnden Ballgesellschaft die geringste Aufmerksamkeit zu schenken. Der an der Flasche riechende König der Sandwich- inseln ist mir lebhaft in der Erinnerung geblieben. Er trinkt nur Gin und Sekt, wovon er unglaubliche Massen zu vertilgen vermag.

Gelegentlich veranstaltet Kalakaua für gewählte Gäste eine Abendunterhaltung in seinem Boothause, wobei es herrlich und in Freuden hergeht. Champagner fließt dort in Strömen, Poker wird bis an den hellen Morgen gespielt, und die Hula- Hulas sorgen für das verfeinerte Vergnügen. Der Tanz dieser kaffeebraunen Schönen ist das Gemeinste, was mir je vorge- kommen. Die Tanzmädchen, welche das Haupt und die nackten Schultern mit Rosen und Epheu umwunden haben, tragen in der Regel ein breites scharlachenes Gürtelband. Der fast ent- blößte Busen lugt verführerisch zwischen Rosen und Jasminen hervor. Sie tanzen erst langsam, dann bei lebhafterer Musik immer rascher mit schlangenartigen Bewegungen gegeneinander hin und her. Die zitternden Glieder, die Zuckungen und namentlich die immer stärker werdenden Bewegungen der Bauchmuskeln sind ganz unbeschreiblich. Dabei greifen die Kanakamädchen fortwährend mit den Händen in die leere Luft, als wollten sie jemanden umarmen. Der Tanz gipfelt in einer Verzückung und Raserei, die den höchsten Grad der Sinnlichkeit kennzeichnet. Die Tarantella-Tänzerinnen auf Capri sind im Vergleich mit den Hula-Hulas sittsame Jungfrauen, ein Cancan ist das reine Menuett! Kalakaua wirft den angeheiterten Schönen gelegentlich einen Silberdollar vom Pokertisch zu, seine Gäste folgen seinem Beispiel, und wenn der lichte Tag frühmorgens in die Fenster des Boothauses schaut, so ist dort eine zügellose Wirtschaft, an welcher Sardanapal seine helle Freude gehabt hätte. In einer nur den Fremden zugänglichen, einsam liegenden Badeanstalt, die man über einen langen Holzsteg erreicht, wird auch allabends ein Hula-Hula aufgeführt, bei welchem sich die Kanakamädchen aber nicht mit Rosen schmücken und wo möglich noch gemeiner tanzen als im königlichen Boothause. Hula-Hula ist allerdings durch die Gesetze verboten, — um der Moral nicht zu schaden! Der König und die Fremden bilden jedoch in dieser Beziehung eine Ausnahme.

Bei den kaum minder interessanten Luau-Festen der Eingeborenen sind Kalakaua, die Prinzen und die Damen des königlichen Hauses gern gesehene Gäste. Die Kanaken sitzen bei einem Luau im Kreise mit untergeschlagenen Beinen auf der Erde und gebrauchen beim Verspeisen der auf dem Boden zwischen Farnblättern und Blumen ausgebreiteten Gerichte statt Messer und Gabel nur ihre höchsteigenen Finger. Poi, Krabben, rohe Fische, Früchte aller Art und namentlich die in Gruben zwischen Blättern und heißen Steinen gebackenen saftigen jungen Pudel, Spanferkel und gemästete haarlose hawaiische Hunde, die mit Poi gefüllt sind, bilden die bevorzugten Gerichte. Während die Kanaken und die eingeladenen Gäste sich mit Tahiti-Limonade begnügen, trinkt Kalakaua Sekt. Zum Schluß eines Luau wird ein Hula-Hula getanzt, aber etwas sittsamer, als im königlichen Boothause. —

Am 31. Dezember holte mein alter Freund Paul mich zu einer Spazierfahrt nach Waikiki ab, wo wir die prächtigen Landsitze und die tropischen Parks einiger reichen Honoluluer in Augenschein nahmen und überall gastfreundschaftlich aufgenommen wurden. Plötzlich erinnerte mein Begleiter sich daran, daß heute der Geburtstag der Königin Kapiolani sei und forderte mich auf, mit ihm der hohen Frau einen Glückwunsch

Besuch abzustatten. Wir waren allerdings beide für einen solchen Besuch nicht vorbereitet, und ich trug weder Frack noch weiße Halsbinde, sondern nur einen einfachen Reiseanzug aus blauem Flanell. Aber das that nichts zur Sache; die Königin, meinte Paul, würde über unser schlichtes Äußeres gütig hinwegsehen.

Bald befanden wir uns vor einem ziemlich gewöhnlich aussehenden Landhause und ließen uns durch einen jungen olivenfarbigen Kanaken, den Paul mit Prinz anredete, anmelden. Nachdem wir eine Zeitlang im geräumigen Vorzimmer gewartet und dort die hübschen Matten, das kunstvolle Flechtwerk, die Verzierungen aus Palmblättern, die Vasen, Nippsachen, Bilder u. s. w. gemustert hatten, trat die Gemahlin des großen Kalakaua in die Stube und stellte sich wie eine Bildsäule nahe bei der Thür auf. Die Königin war in ein loses Gewand aus billigem schwarzen Baumwollenstoff gekleidet und trug einen großen Epheukranz, von welchem zwei dicke grüne Stränge vorne über ihr Kleid bis fast auf den Boden herabfielen, um Hals und Busen. Königlich sah Kapiolani nun freilich nicht aus, aber die einfache Frau machte doch einen ganz guten Eindruck auf mich, als sie uns freundlich anlächelte.

Der Prinz übernahm die Rolle eines Dolmetschers, da die Königin der englischen Sprache nicht mächtig ist. Als er ihr meine Anrede ins Hawaiische übersetzte, „daß ich mich über ihr gutes Aussehen freue und wünsche, Sie möge ihren Geburtstag noch oft und in bester Gesundheit feiern", ließ sie mir ihren Dank für meinen Besuch und für den Glückwunsch verdolmetschen, und nahm auch meine Entschuldigung wegen des blauen Flanellanzugs gnädig auf. Paul, der ihr eine ähnliche Ansprache durch den Prinzen zukommen ließ, schenkte ihr darauf zu meinem nicht geringen Erstaunen ein Fünf-Dollargoldstück zum Geburtstag, eine Aufmerksamkeit, welche die Königin freudig überraschte. Paul raunte mir zu, ich brauche ihr kein Geld zu geben. Es

fiel mir auch gar nicht ein, der Königin, die ein jährliches
Nadelgeld von 20000 Dollars von ihren getreuen Unterthanen
erhält und große Reichtümer besitzt, fünf Dollars zum Geburtstag zu schenken. So viel war mir der Besuch nicht wert! Das
Geschenk sollte, wie mein Begleiter mir später mitteilte, eine
gute Vorbedeutung sein. Die Kanaken bringen bei einem solchen
Geburtstagsbesuch stets kleine Gaben mit, die sie der Königin
zu Füßen legen: Hühner, Gänse und Enten, Eier, Bananen
und andere tropische Früchte u. dergl. m. Mitunter trägt eine
alte Kanakafrau ihr Lieblingsschwein, ein wohlgenährtes Ferkel,
im Arm. Der sauber gewaschene kleine Grunzer wird nach den
üblichen Glückwünschen und Verbeugungen vor der Königin auf
den Teppich gesetzt, worauf er quiekend und schnüffelnd unter
das Sopha oder aus der Thür läuft. Kapiolani schlägt kein
Geschenk aus und freut sich, daß ihr treues Volk sie an ihrem
Geburtstage nicht vergessen hat.

Die Neujahrsnacht verbrachte ich in dem gastlichen Hause
eines deutschen Kaufmanns. Einen stärkeren Gegensatz, als die
soeben beschriebene Vorstellung bei der Königin und diese gesellige
Zusammenkunft, kann man sich kaum denken. Hier saß ich in
einem ganz allerliebst in altdeutschem Stil eingerichteten kleinen
Trinkzimmer unter liebenswürdigen Landsleuten, die meinen
Bericht über den Geburtstagsbesuch bei Kapiolani mit fröhlichem
Gelächter vernahmen. Wir tranken treffliche Rheinweine und
gutes deutsches Bier und ließen die alte Heimat hoch leben.
Mein Wirt erzählte, daß Kalakaua ihn einst in diesem selben
altdeutschen Stübchen besuchte und den Rheinwein, der ihm ein-
geschenkt wurde, verächtlich zurückwies. His Majesty verlangte
Gin und gab sich nicht eher zufrieden, bis eine Flasche Schiedam
aus der Stadt geholt wurde. Die Jahreswende feierten wir mit dem
Singen deutscher Lieder, mit Musik, Tanz und Gläserklang im
Familienkreise meines liebenswürdigen Gastgebers.

Am Neujahrstage war großer Empfang im Palast Iolani. Jeder in Honolulu anwesende Fremde, der im Besitze eines Fracks war und den Wunsch hegte, Kalakaua vorgestellt zu werden, konnte diese Gelegenheit benutzen, den Herrscher der Sandwichinseln persönlich kennen zu lernen. Selbstverständlich war ich keiner von den letzten, der seinen Schniepel hervorholte und in einer Droschke nach dem Palast fuhr. Als ich dort anlangte, spielte die königliche Kapelle muntere Weisen im Palastgarten. Vor den weit geöffneten Thoren standen zwei braune Schildwachen in nagelneuen Uniformen. Ohne alle Förmlichkeiten stieg ich in Begleitung meines Freundes Paul, der mit mir gekommen war, die breite Freitreppe zur großen Vorhalle des Palastes hinan, wo eine zahlreiche Gesellschaft von angesehenen Bürgern der Stadt Honolulu, Offizieren der fremden Kriegsschiffe, Konsuln, Ministern, Reisenden u. s. w. in Uniform oder Frack auf und ab wandelte, während der höfliche Oberst Iauḱa seiner Thätigkeit als Hofceremonienmeister mit gewohnter Würde oblag.

Der Empfang fand im prächtigen, mit Blumen und tropischen Pflanzen geschmückten Thronsaal statt, wo an den hohen Wänden die Bilder der Kamehamehas und anderer Mitglieder der königlichen Familie in riesigen Goldrahmen hingen. An einem Ende des Thronsaals stand Kalakaua, seine breite Brust mit Orden geschmückt, neben ihm die Königin Kapiolani in einem mit großen bunten Blumen bestickten dunkelvioletten Seidenkleide. Unter den Anwesenden glänzten Sr. Excellenz John Owen Dominis, ein grauhaariger berühmter Pokerspieler, Befehlshaber des hawaiischen Heeres und Gouverneur der Insel Oahu, in voller Uniform, mit Goldschnüren und schweren Epauletten, die Prinzessin Liliuokalani (Schwester des Königs, Gemahlin von Dominis und Thronerbin) und die Prinzessin Victoria-Kawelin-Kaiulani-Lunalilo-Kalaninui-Ahilapalapa (Tochter der verstorbenen Prinzessin Likelike und gewöhnlich kurzweg Prinzessin Kaiulani genannt), die Oberrichter und Minister. Der schöne Jaukéa, mit dem ich bereits bekannt geworden war, stellte die Fremden dem Könige und seiner Gemahlin vor. Eine Verbeugung der so Geehrten, ein würdevoller Gruß des Königs und mitunter einige nichtssagende Worte — das war alles. Kalakaua, der so stundenlang dastehen mußte, während sich die Bürger Honolulus und die Fremden der Reihe nach vor ihm verbeugten, sah ziemlich gelangweilt aus; Kapiolani hatte für jedermann ein freundliches Lächeln.

Nach der Vorstellung beim Herrscherpaar wanderte ich durch die Säle und bewunderte die wahrhaft fürstliche Ausstattung derselben, wobei ich nicht umhin konnte, das kleine Inselreich zu bedauern, das die gewaltigen Ausgaben für diese Pracht hatte herbeischaffen müssen, bloß damit ein Schlemmer auf dem Thrönchen seinen Größenwahn befriedigen konnte. Mein Freund Paul störte meinen polizeiwidrigen Gedankengang, indem er mich aufforderte, ihm in den Bankettsaal zu folgen, wo mir der König eine Privataudienz geben wollte. Paul, der früher in Hawaii Justizminister war und mit Kalakaua auf freundschaftlichem Fuße stand, stellte mich diesem als „Kollegen Ihrer Majestät" vor, Die ja auch mitunter Verse mache. Ich glaube, daß ich bei dieser grausamen Anspielung auf ein Talent, das heutzutage am liebsten im Verborgenen blüht, ein wenig errötete; auch schien Kalakaua von seiner Stellung als Dichter durchaus nicht erbaut zu sein. Wir wechselten einige höfliche Worte, und zum Schluß der Audienz geruhte die hawaiische Majestät, mich — und wen ich sonst von meinen Freunden mitbringen wollte! — zu einem Hofball und zu einem Hula-Hula im Boothause einzuladen.

Den Rest des Tages benutzten der Ex-Minister und ich dazu, Neujahrsbesuche zu machen. Wir kutschierten von einer

Wohnung angesehener Honoluluer nach der anderen, besuchten den chinesischen und den japanischen Konsul und wurden überall mit der größten Liebenswürdigkeit empfangen. In jedem Hause mußten wir das neue Jahr mit Cocktails und Champagner ein- segnen. Als der Abend heranrückte, weigerte ich mich bestimmt, weitere Besuche zu machen und noch mehr Gläser auf das Wohl Hawaiis zu leeren, obgleich Paul der Meinung war, daß die paar Dutzend Cocktails und Gläser Sekt, welche jeder von uns seit Mittag genossen hatte, in Honolulu gar keine Rolle spielten.

Zwölftes Kapitel.

Die Regierungsform des Königreichs Hawaii. — Politische Parteien. — Eine Sitzung des hawaiischen Parlaments. — Die Arbeiterverhältnisse auf den Sandwichinseln. — Maßregeln gegen die Überhandnahme der Chinesen. — Kontraktarbeit. — Japaner, Portugiesen, Südsee-Insulaner und Deutsche als Kontraktarbeiter.

Die Regierungsform des Königreichs Hawaii ist die einer konstitutionellen Monarchie. Nachdem Kamehameha II. im Jahre 1819 gleich nach seiner Thronbesteigung den Tabu (man vergleiche Seite 42), die Menschenopfer und die heidnische Priester- herrschaft abgeschafft, die Tempel und Götzenbilder verbrannt, die Frauen, denen es bis dahin nicht einmal gestattet war, gemeinschaftlich mit ihren Männern eine Mahlzeit einzunehmen, von Rechtlosigkeit befreit und im darauf folgenden Jahre die christlichen Missionäre ins Land gerufen hatte, setzte sein Nachfolger Kamehameha III., der im Jahre 1833 den Thron bestieg, das Werk der Reform fort. Er gab dem Königreiche eine Konstitution und europäisch-amerikanische Verwaltungsgesetze, und stellte damit das Inselreich in die Reihe der civilisierten Nationen. Die Konstitution wurde im Jahre 1852 verbessert und im Jahre 1864 von Kamehameha V., der fortgeschrittenen Zeit entsprechend, freiwillig so abgefaßt, wie sie noch heute mit einigen Änderungen lautet. Doch wurden im Sommer 1887 die Rechte des Königs bedeutend beschnitten, eine revolutionäre Maßregel, die Kalakaua durch seine Mißregierung selbst herausgefordert hatte. Infolge der Gegenrevolution im Jahre 1889 wurde seine Macht noch mehr beschränkt. Jetzt führt das Kabinett die Regierung in Hawaii ganz selbständig.

Die hawaiische Konstitution wurde zum größten Teil der amerikanischen entnommen, aber der englischen Regierungsweise angepaßt. Die oberste Gewalt im Königreiche befindet sich in den Händen einer vollziehenden, einer gesetzgebenden und einer richterlichen Behörde, die einander das Gegengewicht halten, geradeso wie in den Vereinigten Staaten von Nordamerika, mit dem Unterschied, daß die vollziehende Behörde (Exekutive) in Hawaii nicht ein erwählter Präsident ist, sondern, nach dem Beispiel Englands, ein unverantwortlicher König mit einem dem Parlament verantwortlichen Ministerium. Das Parlament (Legislature) besteht aus 24 „Nobles", die früher der König ernannte, aber jetzt vom Volke gewählt werden und ein Jahreseinkommen von mindestens 600 Dollars haben müssen, und aus 24, gleichfalls vom Volke erwählten „Representatives", welche beiden Körperschaften ihre Sitzungen gemeinschaftlich abhalten. Die von den Representatives gegen die Minister oder gegen die Beamten etwa erhobenen Anklagen werden von den Nobles entschieden. Die richterliche Behörde besteht aus einem Obergericht, welches das entscheidende Wort in allen Streitigkeiten zwischen dem Parlament und der Krone hat. Ein geheimer Staatsrat, dem der König vorsitzt und zu welchem die Minister ex officio gehören, unterstützt jenen in seinen Regierungsangelegenheiten. Es giebt vier Minister, einen Minister des Äußern und Premier, einen Minister des Innern, einen Finanzminister und einen Attorney General.

Zu seinen Ratgebern und verantwortlichen Ministern hat der König ohne Ausnahme Weiße ernannt, die Bürger von Hawaii sind, oder die dort geboren wurden, und zwar vorwiegend Amerikaner. Da nach hawaiischem Gesetz nur Bürger des Königreichs ein Amt bekleiden können, so haben die meisten von den dort wohnenden Fremdgeborenen das Bürgerrecht erworben, wodurch sie den Eingeborenen gleichgestellt sind. Die Unabhängigkeit des Königreichs wurde im Jahre 1843 von England, Frankreich und den Vereinigten Staaten, später von allen anderen Mächten, anerkannt. Die Hauptmächte haben ihre Vertreter in Honolulu und die hawaiische Regierung ernennt Konsuln in den großen Handelsplätzen der alten und neuen Welt. Sogar eine für die Verhältnisse des Inselreichs recht ansehnliche Staatsschuld von ungefähr zwei Millionen Dollars hat das kleine Land aufzuweisen. Eine halbe Million von diesem Gelde wurde dazu verwendet, um Arbeiter für die Zuckerpflanzungen, namentlich Portugiesen, nach den Inseln zu bringen. Das Defizit für die beiden Jahre 1. April 1886 bis 31. März 1888 belief sich auf 617140 Dollars und 24 Cents, immerhin ein guter Anfang, um dem Königreiche Hawaii einen bescheidenen Platz in der Reihe der Schulden machenden Länder anzuweisen. Die regelmäßigen Einnahmen der Regierung beliefen sich für die genannten zwei Jahre auf 2680843$^{34}/_{100}$ Dollars. Um das Defizit zu begleichen, half man sich mit Schuldenmachen. Für das folgende Jahr war ein Rechnungsausfall von $^{1}/_{4}$ Million Dollars in Aussicht gestellt, der durch eine neue Anleihe gedeckt werden sollte.

Im Königreiche giebt es zwei politische Parteien, die Missionär-Partei und die Antimissionär-Partei — die sogenannten „outs“ und die „ins“. Die erstere besteht zum großen Teil aus den Freunden und Nachkommen der alten aus Neuengland eingewanderten Missionäre. Die ersten nordamerikanischen Missionäre kamen im Jahre 1820 ins Land und predigten den protestantischen Glauben. 1827 erschienen katholische Missionäre in Honolulu, die von ihren protestantischen Brüdern für Götzenanbeter ausgegeben und vertrieben, oder zur Zwangsarbeit verurteilt wurden. Dies gab der französischen Regierung eine willkommene Gelegenheit, sich einzumischen. Im Jahre 1839 erhob eine französische Fregatte 20000 Dollars in Honolulu als ein Unterpfand dafür, daß die katholischen Missionäre fortan nicht in der Verbreitung ihrer Religion gehindert würden. Die Drohung, daß die Stadt zusammengeschossen werden sollte, falls das Geld nicht binnen 24 Stunden gezahlt würde, kam nicht zur Ausführung; auch wurde das Geld später zurückbezahlt. Die sich oft wiederholenden Plackereien der französischen Kriegschiffe hörten erst im Jahre 1851 auf, als die Regierung der Vereinigten Staaten dem Inselreiche ihren Schutz angedeihen ließ. Auch vertragen sich seitdem die Missionäre der verschiedenen Glaubensbekenntnisse einigermaßen mit einander und bilden eine geeinigte Partei.

Die Missionärpartei, welcher sich die Mehrzahl der besseren Klasse der weißen Bevölkerung angeschlossen hat, bemüht sich, die Macht des Königs einzuschränken und die Geldausgaben der Regierung zu verringern, weshalb sie sich gern die Reformpartei nennt. Die Anhänger des Königs gehören meistens zur Antimissionär-Partei, die ebenfalls behauptet, für das Land nur das Beste zu wollen. Die Erfolge der Reformpartei sind bis jetzt ziemlich zweifelhafter Art gewesen. Die Ausgaben haben sich nicht verringert, die Einschränkungen waren unbedeutend. Diese bestanden besonders darin, daß der Königin Kapiolani das

Jahrgeld von 20000 Dollars gestrichen wurde, weil nach der Ansicht der Gesetzgeber ihre Einnahme aus eigenen Mitteln für ihre bescheidenen Bedürfnisse vollständig genügt. Auch fließen die Gebühren des Konsulats in San Francisco, welche sich ebenfalls auf etwa 20000 Dollars das Jahr belaufen, jetzt in den Staatsschatz, anstatt wie früher in die Tasche des Konsuls, der nun zu seinem Verdruß mit einem Jahresgehalt von 8000 Dollars auskommen muß. Die ganz überflüssigen Ämter der Gouverneure der verschiedenen Inseln sind noch immer nicht ab-geschafft worden, weil keine Zweidrittel-Stimmenmehrheit über das Veto des Königs zu erlangen ist, der seinen Verwandten diese ange-nehmen Faulenzerstellungen wo möglich erhalten will. Die Schwierigkeit liegt darin, daß das Königtum für das kleine Inselreich zu kostspielig ist. Kalakaua krümmt sich natürlich gegen alle Geldbeschränkungen wie der Teufel im Weihwasser, und daß seine Verwandten, seine Minister und Anhänger sich nicht ohne Widerstand den Brotkorb hoch hängen lassen, ist auch nicht zu verwundern. Eine ansehnliche Erhöhung der Steuern wäre ein allerdings sehr unliebsamer Ausweg aus der Schwierig-keit des Defizits, denn die sich oft wiederholenden Anleihen kann das kleine Königreich auf die Dauer unmöglich ertragen; oder Onkel Sam entschließt sich eines schönen Tags dazu, den König zu pensionieren und die Sandwichinseln der großen Union einzuverleiben — was auch wohl über kurz oder lang ge-schehen wird.

Kalakaua, dessen Machtbefugnis von der Reformpartei bei den schon früher von mir beschriebenen Revolutionen in den Jahren 1887 und 1889 bedeutend beschnitten wurde, bemühte sich zur Zeit meines Besuchs, den verlorenen Boden zurückzu-erobern. Durch schlau angelegte Winkelzüge versuchte er es, eine Ministerstelle gegen den Wunsch der anderen Minister und gegen den ausgesprochenen Willen des Parlaments eigenmächtig zu besetzen, fügte sich aber zuletzt und bestätigte einen anderen neuen Minister. Auch hatte er gerade damals es sich in den Kopf gesetzt, alle Gesetzesvorschläge — nach dem bekannten Ausspruch: „Ich kenne Ihre Ansichten nicht, aber ich mißbillige sie" — mit dem Veto zu belegen. Bei den sehr stürmischen Sitzungen des hawaiischen Parlaments, denen ich zu wiederholten Malen beiwohnte, handelte es sich besonders darum, dem Könige den Standpunkt dahin klar zu machen, daß die Zustimmung seiner Minister bei einem Veto notwendig sei, was jener nicht zugeben wollte.

Die Sitzungen der Legislatur fanden in einem großen Saal zur ebenen Erde im Regierungsgebäude statt. Die Thüren standen weit offen, und eine dichte Schar von Weißen und Kanaken drängte sich in dem von den Sitzen der Gesetzgeber durch ein Gitter getrennten offenen Raume. Ich setzte mich, teils der Bequemlichkeit halber, teils um einen besseren Überblick zu erlangen, oben auf die Lehne einer langen Holzbank neben einige Bürger Honolulus, die in Hemdsärmeln erschienen waren, ohne durch mein nicht gerade ehrfurchtsvolles Gebahren die geringste Aufmerksamkeit zu erregen. Das recht gemischte Publikum verhielt sich auffallend ruhig und folgte den Verhand-lungen mit gespannter Aufmerksamkeit.

Die Mitglieder der Legislatur bestanden teils aus Weißen, teils aus Kanaken. Letztere sahen ohne Ausnahme aufgeweckt aus. Bei den Debatten, die nach parlamentarischen Regeln geführt wurden, entwickelten sie ein bedeutendes Redner-talent. Allerdings hatte es seine Schwierigkeit, die für das Ohr eines Weißen außerordentlich schwer verständlichen Worte der hawaiischen Sprache zu erfassen, obgleich dieselbe wegen ihrer vielen Vokale für wohlklingend gilt. Die Vokale werden aber dermaßen verschluckt, daß der Wohlklang arg darunter leidet. Auch werden die Buchstaben l und r und k und t nicht selten

verwechſelt, was bekannten Eigennamen dann eine fremde Klangfarbe giebt. Ein Auseinanderhalten der raſch geſprochenen Worte
muß für jemanden, der mit der Sprache nicht vertraut iſt, als
ein Kunſtſtück betrachtet werden. Aber ſelbſt wenn der Inhalt
der Rede unverſtändlich blieb, war es unverkennbar, daß dort
ein geborener Redner ſprach. Die ganze Art und Weiſe des
Vortrags, die Haltung und die Handbewegungen des Redners,
der glatt hinfließende Strom der Worte bewieſen dies auf das
Deutlichſte. Mir wurde geſagt, daß die Reden der Hawaiier
ſich nicht nur durch blumenreiche Sprache, ſondern namentlich
auch durch logiſchen Gedankengang auszeichnen.

Die Volksvertreter Hawaiis machten einen entſchieden gün-
ſtigen Eindruck, und es konnte die Verſammlung recht gut einen
Vergleich mit einer ihr ähnlichen in einem großen civiliſierten
Staate aushalten. Da aber alle wichtigeren Vorſchläge, die
Schriftſtücke u. ſ. w. jedesmal gleich von einem Dolmetſcher
entweder aus dem Engliſchen ins Hawaiiſche, oder aus dieſer
Sprache in das Engliſche laut überſetzt wurden, ſo dehnten ſich
die Sitzungen endlos aus, was für die Zuhörer und gewiß auch
für die Geſetzgeber auf die Dauer recht langweilig war. Ab
und zu verlas ein Miniſter ein vom Könige (der nicht zugegen
war) eingereichtes Schriftſtück, das allemal mit den Worten
ſchloß: „Kalakaua rex".

* * *

Die Arbeiterverhältniſſe ſind für die Wohlfahrt des
Königreichs Hawaii von derſelben Wichtigkeit wie die Regierungsangelegenheiten, denn das Inſelreich iſt ganz und gar auf den
Anbau tropiſcher und halbtropiſcher Nutzpflanzen, namentlich
auf den von Zuckerrohr und Reis, angewieſen. Es bedarf dazu
nicht nur billiger, ſondern namentlich zuverläſſiger Arbeiter,
d. h. ſolcher, die den Pflanzern nicht plötzlich davonlaufen wenn

man sie am notwendigsten gebraucht. Die einheimische Bevölkerung bietet nur eine geringe Aushilfe. Die Kanaken sind allerdings ausgezeichnete Arbeiter wenn sie sich als solche auf den Pflanzungen verdingen. Dies ist jedoch in immer geringerem Maße der Fall, weil eine solche Beschäftigung ihnen nicht zusagt. Da sie unzweifelhaft schnell aussterben, so wird diese Arbeitsquelle sowieso bald ganz versiegen. Die Mischlinge geben sich noch weniger mit Feldarbeit ab. Die hawaiische Regierung hat sich deshalb bemüht, fremde billige Arbeiter ins Land zu ziehen, und da die Sklavenarbeit außer Frage steht und auch durch die Landesgesetze verboten ist, so wurde die Kontraktarbeit eingeführt. Sowohl den Pflanzern als den Arbeitern sind ihre Pflichten von der Regierung genau vorgeschrieben worden, und diese überwacht die getreue Ausführung derselben. Mit Japan und Portugal wurden besondere Verträge abgeschlossen, durch welche die Kontraktarbeit mit den Unterthanen jener Länder geregelt ist.

Für die Zukunft der Sandwichinseln ist jene Anordnung von der größten Wichtigkeit gewesen, weil dadurch ein Ersatz für die Chinesen gefunden wurde. Die immer mehr anwachsende Zahl der Mongolen ließ befürchten, dieselben möchten bald ganz die Stelle der aussterbenden Kanaken einnehmen, und es würde alsdann die europäisch-amerikanische Kultur von der asiatischen in Hawaii ganz in den Hintergrund gedrängt werden. Obgleich die Chinesen die zuverlässigsten Arbeiter sind, bemüht sich die Regierung dieses Landes doch aus dem vorhin erwähnten Grunde nach besten Kräften, die Einwanderung derselben zu hindern. In der hawaiischen Legislatur sind Antichinesen-Gesetzesvorschläge an der Tagesordnung und man versucht es, den ferneren Zufluß der Asiaten durch Restriktionsgesetze, wie die Vereinigten Staaten von Nord-Amerika, die australischen Kolonien und Canada sie erlassen haben, zurückzudämmen.

Aber John versteht es, die Hinterthüren in Honolulu eben-
sogut wie in San Francisco zu finden und läßt sich dort, wo
Geld zu verdienen ist, wenn er sich einmal eingebürgert hat,
nicht mehr durch Gesetze zurückhalten. Die hawaiischen Beamten
lassen sich durch klingende Beweisgründe ebenso leicht wie ihre
amerikanischen Kollegen davon überzeugen, daß es nicht gut sei,
die Thore des Landes allzufest vor den Mongolen zu ver-
schließen. Für 10 Dollars das Stück werden die Pässe, welche
den, der einen solchen vorzeigt, zur Rückkehr nach Honolulu
berechtigen, zu Hunderten auf einmal an chinesische Kaufleute
verkauft und von diesen nach Hongkong geschickt, wo sie einen
Marktpreis von 20 Dollars erzielen. Wurde doch am 2. Juli 1888
in Honolulu die Entdeckung gemacht, daß 934 falsche Pässe von
den Beamten des Zollhauses ausgestellt worden waren! Chinesen,
die ihr Lebtag nie die Sandwichinseln gesehen haben, beschwören
— geradeso wie in San Francisco! — bei ihrer Ankunft in
Honolulu schlankweg, daß sie schon früher dort wohnten, zeigen
ihren Paß vor und landen ganz ungehindert. Da ein falscher
Eid für die Zopfträger längst ein überwundener Standpunkt ist,
so ist die Schwierigkeit, den früheren Aufenthalt zu beweisen,
nicht von Belang. Von Mai 1884 bis September 1887 wurden
in Honolulu 6000 Rückkehrpässe für Chinesen ausgefertigt, eine
Zahl, die außer allem Verhältnis zu der Zahl der Mongolen
steht, die zu Besuch nach China reisen. Pässe, die für junge
Frauen und Mädchen ausgestellt sind, bringen in Hongkong den
drei- und vierfachen Preis wie die Pässe der Kulis.

Die hawaiische Legislatur beschäftigt sich, wie schon gesagt
wurde, fast fortwährend mit Restriktionsgesetzen, die aber nur
von geringem Nutzen sind. Ein Gesetz, das anordnete, es
dürften nur 1200 Chinesen im Laufe eines Jahres in Honolulu
landen, hatte einen Formfehler und war ganz wertlos. Kurz
vor meinem Besuch wurde ein Gesetz erlassen, wonach jeder Mongole,

der in Honolulu landen will, den Schwur zu leisten hat, er
sei kein Vagabund, Bettler, Verbrecher und Opiumraucher, und
jemand für ihn einstehen muß, daß er dem Lande nie zur Last
fallen werde; außerdem muß er seinen Steuerschein, Fahrschein
und Paß und zwei Photographien vorzeigen, womit er beweist,
daß er bereits in Honolulu war. Diese Gesetze zu umgehen, ist
natürlich ein Kinderspiel. Erst im Jahre 1890 gelang es, durch
die Annahme eines ähnlichen Restriktionsgesetzes, wie es in
Amerika Giltigkeit hat, der chinesischen Einwanderung einen
einigermaßen festen Riegel vorzuschieben. Daß John sich nicht
mehr von den Sandwichinseln verdrängen lassen wird, wo er
unter dem Gemisch niederer Volksstämme eine ganz andere Rolle
spielt, wie in den pacifischen Gebieten der Union, ist, wie die
Verhältnisse nun einmal liegen, eine Thatsache, die nicht zu
ändern ist. Aber jedenfalls sind die Maßregeln gegen die unbe-
schränkte Einwanderung der Mongolen nach Hawaii nicht zu
früh gekommen. Wenn sie nur das zur Folge haben, daß sich
die Zahl der Chinesen dort nicht ferner vermehrt, so sind sie von
weittragendem Nutzen.

Die Einwanderung japanischer Kontraktarbeiter hat
während der letzten Jahre, nachdem am 8. März 1886 ein
Vertrag, um dieselbe zu regeln, zwischen Japan und dem Königreiche Hawaii abgeschlossen wurde, außerordentlich zugenommen.
Die Japaner sind fleißig, gehorsam und zuverlässig und weit
beliebter als die Chinesen, obgleich sie diesen an Körperkraft
nachstehn. An Feldarbeit sind sie gewöhnt, denn fast alle von
ihnen kommen aus den Landdistrikten Japans. Viele von ihnen
nehmen Frau und Kinder mit in die Fremde, was die Chinesen
selten thun. Als Regel hat von vier Japanern, die gemeinschaftlich haushalten, einer seine Frau bei sich, die für diesen,
ihre Kinder und die anderen drei kocht, die Wäsche u. s. w.
besorgt und die notwendigen Handarbeiten übernimmt. Die

kleinen braunen Leute sind sehr aufs Geldverdienen erpicht und knappen sich das Brot förmlich vom Munde ab, bloß um möglichst viel zu ersparen. Die Pflanzer lassen ihren japanischen Arbeitern, nur um sie gesund und bei Kräften zu erhalten, öfters eine gute Mahlzeit zubereiten, obgleich diese sich nach dem kontraktlichen Abkommen selbst beköstigen müssen, was sich auf ungefähr sechs Dollars den Monat beläuft. Sie verpflichten sich auf drei Jahre für fünfzehn Dollars Lohn den Monat. Das Reisegeld (55 Dollars im Zwischendeck mit Beköstigung) wird ihnen in Japan vorgeschossen und muß in Teilzahlungen mit Zinsen zurückerstattet werden. Außerdem muß jeder Japaner an Hospitalgebühren zwei Dollars in Yokohama und 1¼ Dollars in Honolulu entrichten. Für die Sicherstellung des Arbeitslohns sorgt der japanische Konsul. Jeden Monat erhält der Arbeiter 11 Dollars ausbezahlt, und 4 Dollars werden in die Sparkasse in Honolulu gelegt, so daß jeder Japaner in drei Jahren mit den anlaufenden Zinsen über 150 Dollars ersparen muß.

Von je hundert japanischen Arbeitern beabsichtigen 60 bis 70 ihre Kontrakte zu erneuern und sich, falls ihre Regierung dies gestattet, auf Lebenszeit im Gebiete des Königreichs Hawaii niederzulassen. Sie fühlen sich dort ganz heimisch und werden gut behandelt. Ob die japanische Regierung dem Wunsche dieser Auswanderer ein geneigtes Ohr schenken wird, ist jedoch zweifelhaft. Jene überwacht die genaue Ausführung der Kontrakte, unter welchen ihre Unterthanen die Heimat verlassen, sie behält diese stets in einem Abhängigkeitsverhältnis und erlaubt ihnen nicht, nach Belieben in die Fremde zu ziehen und dort freie Arbeiter zu werden. Nach den Vereinigten Staaten, wo die Kontraktarbeit gesetzlich verboten ist, kommen deshalb gar keine japanische Feldarbeiter. Nur eine geringe Anzahl Japaner aus den besseren Klassen besuchen die Unionsstaaten, und ab und zu sieht man dort einen japanischen Diener.

1428 Japaner, welcher am 11. Dezember 1887 mit dem Dampfer Wakanoura Maro in Honolulu anlangten (von denen wir, wie der Leser erinnern wird, eine beträchtliche Anzahl auf dem Kinau nach der Insel Hawaii brachten) wurden folgendermaßen als Arbeiter, und zwar die meisten von ihnen auf Pflanzungen und in den Zuckermühlen, verteilt:

Auf der Insel Hawaii in 16 Abteil. 570 Männer und 133 Frauen

„	„	„	Kauai	„	9	„	314	„	„	74	„
„	„	„	Maui	„	6	„	208	„	„	54	„
„	„	„	Oahu	„	2	„	60	„	„	15	„

1152 Männer und 276 Frauen.

Ende Mai 1888 landeten von dem Dampfer Tagasago Maro wieder 1057 japanische Arbeiter (861 Männer und 196 Frauen) in Honolulu. Diese Einwanderer waren unter die Oberaufsicht von zwei Ärzten der japanischen Flotte gestellt worden. Jeder Abteilung ist ein Dolmetscher beigegeben. Im Oktober 1889 brachten zwei Dampfer zusammen 2000 Japaner, und am 9. Januar 1890 langte bereits das elfte Schiff mit japanischen Arbeitern von Yokohama in Honolulu an und brachte 869 Männer und 201 Frauen. Am 1. Juli 1888 befanden sich nahezu 5000 Japaner im Königreiche Hawaii, die sich bis 1890 auf etwa 8500 Köpfe vermehrt haben.

Die Portugiesen, die fast alle aus der stark bevölkerten Insel San Miguel in den Azoren und aus Madeira kommen, und die 1883 zuerst in größerer Zahl einwanderten, sind vortreffliche und kräftige Arbeiter. Sie erhalten von den Zuckerpflanzern 18 Dollars Arbeitslohn den Monat. Manche von ihnen haben sich nach Ablauf ihrer kontraktlichen Verpflichtungen als Viehzüchter auf den verschiedenen Inseln niedergelassen und sind wohlhabend geworden. Andere reisen mit ihren Ersparnissen nach ihrer Heimat zurück. Die meisten begeben sich später nach San Francisco. Sie beschäftigen sich dort zum Teil als Fischer,

manche von ihnen besitzen Gemüse- und Obstgärten und kleine
Farmen, oder sie verdingen sich als Arbeiter in den californischen
Landdistrikten. In Honolulu giebt es eine ansehnliche Zahl
portugiesischer Kleinhändler. Im Königreiche Hawaii werden die
Portugiesen in neuerer Zeit nicht mehr so gern wie früher gesehen, weil es sich herausgestellt hat, daß sie gern Schnapps
nach den Pflanzungen schmuggeln und dort an die anderen
Arbeiter verkaufen. Im Durchschnitt verweilen sie kürzere Zeit
auf den Inseln und nehmen mehr Geld mit sich fort, das sich
durch diesen unerlaubten Schnappshandel ansehnlich vermehrt,
als irgend eine andere Klasse von Arbeitern.

Die Südsee-Insulaner (zum größten Teil aus Fidschi
und den Hebriden) werden von den Pflanzern nur ungern als
Arbeiter beschäftigt. Sie können den Regen nicht vertragen,
werden leicht krank und sterben rasch dahin. Auch sind sie
außerordentlich zanksüchtig. Sie prügeln sich gern, schneiden
sich mit Messern und sind mit einem Wort eine höchst uner-
wünschte Menschenklasse.

Über die deutschen Kontraktarbeiter in Hawaii
wurde vor geraumer Zeit in europäischen und amerikanischen
Blättern viel Staub aufgewirbelt. Die Bezeichnungen Sklaverei
und Menschenhandel waren dabei die beliebten Schlagwörter.
Der Ausdruck Sklaven ist für Arbeiter, die sich freiwillig verpflichten, einige Jahre für guten Lohn zu dienen, jedenfalls weit
hergeholt. Weshalb man den Pflanzern in Hawaii damit einen
Vorwurf macht, begreife ich nicht. Diese haben es sich nie zu
Schulden kommen lassen, wie es z. B. die Engländer in
Tasmanien und in anderen Kolonien gethan haben, Südsee-
insulaner fortzuschleppen und zur Arbeit auf den Pflanzungen
zu zwingen. Da die hawaiische Regierung für die strenge Ausführung der Kontrakte Sorge trägt, und die Arbeiter ohne Ausnahme gut behandelt werden, so sehe ich nicht ein, mit welchem

Recht wohlhabende Leute, die ohne Gewissensbisse die Armen
daheim hungern lassen und Strümpfe an die Hottentotten schicken,
wie dies namentlich von englischen Damen geschieht, die Pflanzer
in Hawaii Sklavenhändler nennen? Den Eingeborenen, die nicht
auf den Pflanzungen arbeiten wollen, fügen die fremden Kontraktarbeiter keinen Schaden zu und diese nehmen jenen weder Brot
noch Verdienst. Ohne zuverlässige Arbeiter läßt sich aber keine
tropische Pflanzung bewirtschaften. Ich habe auch noch nie
gehört, daß jene sittlich entrüsteten Damen einen Abscheu gegen
guten Kolonialzucker haben, weil derselbe durch Kontraktarbeit
hergestellt wird. Kein vernünftiger Mensch wird es eine Sünde
nennen, wenn z. B. ein Japaner, der es in seiner Heimat mit
dem größten Fleiße und mit der größten Genügsamkeit nie zu
etwas bringen kann, sich in Hawaii durch freiwillig übernommene
Kontraktarbeit in drei Jahren 150 Dollars erspart. Und die
Japaner sind doch so gut Menschen wie unsere Landsleute!
Thatsache ist, daß die Deutschen, welche sich als Arbeiter auf
Zuckerpflanzungen in Hawaii auf Zeit anwerben ließen, nicht,
wie ausbedungen worden war, aus den Landdistrikten in
Deutschland, sondern fast ohne Ausnahme aus den deutschen
Seestädten kamen. Es war ein unzufriedenes Volk, das von
Feldarbeit gar nichts verstand und auch gar nichts davon wissen
wollte: Bummler und Tagediebe, im besten Fall Schuster,
Gevatter Schneider und Handschuhmacher u. s. w. Die meisten
von ihnen sind nach Ablauf ihrer Kontrakte nach den Vereinigten
Staaten gewandert; eine kleinere Zahl hat sich in Honolulu
bleibend niedergelassen. Neue deutsche Kontraktarbeiter wurden
schon seit Jahren nicht mehr nach den hawaiischen Inseln geschickt. Die Pflanzer haben mehr als genug davon gehabt.

Dreizehntes Kapitel.

Das Klima der Sandwichinseln. — Einfluß des Passats auf die Witterungsverhältnisse. — Der Regenfall und seine Grenzen. — Das „Inselreich der
Iris". — Krankheiten und Sterbeberichte.

Die Sandwichinseln besitzen ein außerordentlich mildes und
gleichmäßiges Klima. Von den Passatwinden wird die tropische
Hitze abgeschwächt, und selbst wenn diese nicht wehen, steigt das
Thermometer selten über 85° F. (23,5 R.) im Schatten. Dabei
ist der Wärmeunterschied zwischen dem feuchten Klima in den
Küstenstrichen an der Windseite und dem trockenen Klima an
der Leeseite der Inseln nur ein geringer. Steigt man höher in
das Gebirge empor, so ändert sich dies natürlich. Während in
Honolulu und überall an der Küste die Durchschnittswärme der
Luft nahezu 75° F. (19,2 R.) im Schatten beträgt, ist dieselbe
z. B. in Waimea, das auf der Insel Hawaii ungefähr 4000 Fuß
über dem Meere liegt, 64° F. (14,2 R.). Dieser Platz wird
von Leuten, die längere Zeit an der Küste gelebt haben, gern
als Erholungsort aufgesucht, um die Nerven zu stärken. In
dem Luftkurorte Mountain Retreat, der etwas landeinwärts von
Lahaina auf der Insel Maui in einer Höhe von etwa 3000 Fuß
über dem Meere liegt, schwankt das Thermometer zwischen
40 und 75° F. (3,5 und 19,1 R.), während es in Lahaina

54 bis 86° F. (9,8 bis 24 R.) zeigt. Für Kranke, namentlich
für Lungenkranke, ist es von großem Vorteil, daß ihnen auf
den Sandwichinseln ein wärmeres oder ein kühleres Klima zur
Auswahl steht. Die weißen Feldarbeiter können dort, ohne ihrer
Gesundheit zu schaden, in jeder Jahreszeit ihrer Beschäftigung
im Freien obliegen.

In Honolulu ist der Unterschied zwischen dem höchsten und
dem niedrigsten Thermometerstand, wie gesagt, sehr gering, kaum
12 Grad Fahrenheit in 24 Stunden. Selbst im Sommer steigt
dort die Hitze nur äußerst selten bis 85° F. (23,5 R.) im
Schatten. Während meines Aufenthaltes in jener Stadt (Mitte
Dezember bis Mitte Januar) betrug die Wärme tagaus, tagein
65 bis 75° F. (14 bis 19 R.), und sie stieg nur ein paarmal
bis 80° F. (21,3 R.). Diese durchaus nicht übermäßig hohe
Temperatur war aber infolge der feucht-warmen Luft oft
recht drückend. Angenehm war dieselbe nur zur Zeit der
Passatwinde, die leider damals, was in den Winter-
monaten oft geschieht, mehrere Wochen lang ausblieben. Lange
Zeit wehte mit seltenen Unterbrechungen der sehr erschlaffende
Südwind, Kona genannt. Löste der Passat den Kona ab, so
merkte ich dies sofort, selbst des Nachts unter dem Moskitonetz.
Wurde das Wetter bei Tage in Honolulu zu unangenehm
schwül, so pflegte ich mich etwa eine englische Meile weit landeinwärts zu begeben, wo das Klima frischer ist, als an der
Seeküste. Die Passatwinde sind im Frühjahr und im Sommer
vorherrschend. Das Wetter ist alsdann, namentlich wenn der
erfrischende Nordostpassat weht, oft monatelang ganz prachtvoll.
Aber mein ganzes Leben möchte ich doch nicht im „Paradiese
der Südsee" verbringen. Noch nie war ich so arbeitsunlustig
als dort. Jede geistige Thätigkeit erforderte eine nicht geringe
Selbstüberwindung, während die kleinste körperliche Anstrengung
mich außerordentlich ermüdete. Oft sehnte ich mich nach dem

10*

kühlen Lufthauch von San Francisco. Mitunter stellten sich aber
wunderschöne Tage ein, wie man sie herrlicher sich nicht
wünschen kann.

Zur Regenzeit, die von Oktober bis März dauert, ist der
atmosphärische Niederschlag sehr bedeutend, aber durchaus nicht
stetig. Mitunter regnet es wochenlang gar nicht, dann wieder
fast jeden Tag. Auch im Sommer regnet es häufig, aber nicht
so oft und anhaltend wie in der Zeit zwischen Oktober und März.
Die Regengüsse stellen sich nicht selten ganz plötzlich ein. Eine
kleine vorüberziehende Wolke läßt zuerst einige große Tropfen
herabfallen, der Himmel verdüstert sich rasch, und bald regnet es
heftig. Ebenso schnell klärt sich der Himmel wieder auf, und es
wechseln Regen und Sonnenschein in kurzer Zeit. Fast jeden
Tag sah ich, wie schon öfters erwähnt wurde, die prächtigsten,
meistens doppelten Regenbogen. Ich möchte Hawaii das Inselreich der Iris nennen, so bezeichnend sind für dasselbe die
oft am Himmel strahlenden farbenfunkelnden Doppelbogen. Der
Regenfall ist in verschiedenen Jahren in Honolulu sehr ungleich-
mäßig. Im Jahre 1885/86 betrug derselbe z. B. 29^{45}, im
darauf folgenden Jahre 53^{06} Zoll. Auf der Insel Oahu
wurden bereits 95 Zoll Regen in einem besonders nassen Jahre
verzeichnet.

Das Gebiet des Regenfalls hat auf den Sandwichinseln
keine bestimmten Grenzen, mit Ausnahme auf der Windseite der
Insel Hawaii, die man mit vollem Recht ein Regenland nennen
kann. Die Stadt Hilo, welche wegen der Menge ihres Regens
berühmt geworden ist (man vergleiche Seite 59), konnte im
Dezember 1887 einen Regenfall von 41 Zoll verzeichnen. Es
gab dort in jenem Monat nur sechs regenlose Tage. Man
rechnet in Hilo mit Bestimmtheit auf einen Regenfall von 240
bis 300 Zoll im Jahr, und ich möchte die Behauptung eines
meiner deutschen Freunde in Honolulu, der mir erzählte, es

habe in Hilo schon 22 Zoll an einem Tage geregnet,
durchaus nicht als ein Märchen bezeichnen. Regentage mit
sechs Zoll Niederschlag sind dort etwas ganz Gewöhnliches.
Honolulu und die Insel Oahu gelten eigentlich für trocken.
Die 18 Zoll Regen, welche während meines Aufenthaltes in
Honolulu in vier Tagen fielen, haben meinen Glauben an die
Trockenheit jener Stadt aber etwas erschüttert. Wurden doch,
als ich eines Abends zu einem Festschmaus fuhr, die Straßen
von einem Platzregen dermaßen überflutet, daß die Kanakenkinder
in ihnen mit heller Freude Schwimmübungen anstellten! Ich
konnte mich glücklich schätzen, daß ich damals nicht in meiner
Kutsche ersäuft wurde.

Merkwürdig ist es, wie verschieden die Witterungsverhältnisse in nahe beieinander liegenden Orten sind. Dieselbe Insel
teilt sich in nasse und in trockene Distrikte. Während auf der einen
Hälfte einer Insel sehr viel Regen fällt, verdorrt auf ihrer
anderen Hälfte der Pflanzenwuchs unter einem ununterbrochen
azurblauen Himmel. Auch verändert sich das Klima nicht selten
in kurzer Zeit. Die Insel Kauai, die in früheren Jahren viel
von anhaltender Dürre zu leiden hatte, ist in neuerer Zeit mit
Regen vollauf gesegnet. Die sich immer weiter ausbreitende
Bodenkultur hat unzweifelhaft viel mit dem Regenfall zu thun,
denn Pflanzenwuchs und Feuchtigkeit beeinflussen bekanntlich
einander gegenseitig. Aber ohne Ausnahme ist auch dies nicht,
und es sind die meisten Zuckerpflanzungen noch immer auf eine
künstliche Bewässerung angewiesen. Auf der großen Insel Hawaii
bestimmen die Riesenvulkane Mauna Kea und Mauna Loa, die
sich bis nahezu 14000 Fuß über den Meeresspiegel erheben,
die Grenzen des Regengebiets. Die Passatwinde, welche jene
Gebirge treffen, können nicht über dieselben hinweg gelangen
und verdichten dort die Feuchtigkeit, mit welcher die Luft ge-
schwängert ist, zu Wolken, die sich dann in heftigen Regengüssen

entladen. Als Folge davon sind die jenen Winden ausgesetzten
Seiten dieser Insel außerordentlich regenreich und mit einem
dichten Pflanzenwuchs förmlich überwuchert, während auf der
entgegengesetzten Seite das Gegenteil davon der Fall ist. Aus-
genommen davon sind einige genau begrenzte Stellen an der
Leeseite des Mauna Loa, wo der Regen ebenso heftig wie an
seiner Windseite auftritt. Der Gegenpassat, der dort den oberen
Abhang des Mauna Loa trifft, beeinflußt den atmosphärischen
Niederschlag auf dieselbe Weise, wie der Passat auf der anderen
Seite jenes Berges.

Das Klima der Sandwichinseln ist im allgemeinen ein
gesundes. Sehr leicht kann man sich dort aber eine Erkältung
zuziehen, die schwer wieder los zu werden ist. Am meisten
kommen Fieber verschiedener Art und Dysenterie vor. Wer sich
mit essen und trinken in acht nimmt und sich vor Ausschweifungen hütet, der wird in Hawaii nur selten von einer
schweren Krankheit befallen werden. Unangenehm, aber nicht
gefährlich, ist ein heißes Fieber, von den Eingeborenen das
Boho-Fieber genannt, das zwei bis fünf Tage dauert und fast
jeden Fremden, der längere Zeit auf den Inseln verweilt, ergreift.
Die mit Krankheiten behafteten Fremden, welche man in Honolulu antrifft, sind fast alle krank dorthin gekommen. Die Mehrzahl von ihnen besteht aus Lungenkranken. Von den Ärzten
werden Lungenleidende gern nach Kona auf der Insel Hawaii
geschickt, falls sie die rauhe Seefahrt dorthin vertragen können.
Unter den Eingeborenen haben Masern, Syphilis und Blattern
öfters entsetzlich aufgeräumt (man vergleiche Seite 15). Sobald
die Kanaken von den Blattern ergriffen werden, stürzen sie sich
in das kalte Seewasser und sterben alsdann massenhaft. Die
Regierung thut ihr Möglichstes, um das Einschleppen dieser
Krankheit zu verhindern. Alle Schiffe, die aus Häfen kommen,
wo die Blattern herrschen, und selbstverständlich solche Schiffe,

welche Blatternkranke an Bord haben, werden unter strenge
Quarantäne gestellt. Der Aussatz, diese schrecklichste Plage in
Hawaii, wird in dem folgenden Kapitel ausführlich behandelt
werden.

Die sehr hohe Durchschnittszahl der Sterbefälle in Honolulu
ist nicht maßgebend für den Gesundheitszustand der Stadt, denn
dort liegen nicht nur die Hospitäler, darunter eins für Aussätzige, es pflegen auch die Kanaken gern ihre Schwerkranken
nach der Hauptstadt des Landes zu bringen, damit diese daselbst
ihr Leben beschließen. Im Dezember 1887 starben in Honolulu
66 Personen. In demselben Monat, von 1883 bis 1886, kamen
63—42—49 und 72 Todesfälle vor; für eine Bevölkerung von annähernd
20000 Seelen gewiß ungewöhnlich hohe Ziffern. Das Sterbe-
verhältnis auf den hawaiischen Inseln wird für die Jahre 1878
bis 1884 auf $38^{62}/_{100}$ in 1000, für das Jahr 1884/85 auf
$26^{75}/_{100}$ in 1000 angegeben. Im Gesundheitsbericht wird aber
ausdrücklich bemerkt, daß jene Angaben auf Genauigkeit keinen
Anspruch machen können, namentlich deshalb, weil es unmöglich
sei, die richtige Zahl der Todesfälle von den Chinesen und von
den Kanaken zu erfahren. Honolulu ist für die Ärzte ein wahres
Paradies. Die Rechnungen, welche jene unentbehrlichen Menschen-
freunde den vielen wirklichen und eingebildeten Kranken in
Hawaii ausstellen, sind allemal in Fraktur geschrieben.

Vierzehntes Kapitel.

Der Aussatz im Königreiche Hawaii. — Verbreitung des Aussatzes unter den
Kanaken. — Beschreibung der Krankheit. — Der Aussatz in anderen Ländern. —
Ist Leprosis ansteckend. — Der Pater Damien und seine Nachfolger. — Der
von Dr. Arning geimpfte Mörder. — Bericht der Mikroskopischen Gesellschaft
in San Francisco. — Der Aussatz in Californien. — Die Halbinsel Kalawao
auf der Insel Molokai. — Die Ansiedelungen der Aussätzigen in Kalawao und
Kalaupapa. — Das Zweig-Hospital bei Kakaako.

Jeder, der einen Besuch auf den Sandwichinseln gemacht
hat, wird dort nach Aussätzigen ausgeschaut haben, von
denen soviel gesprochen wird. Mir ging es ebenso. Aber obgleich man mich fast jeden Tag während meines Aufenthaltes
in Honolulu über Leprosis unterhielt, bekam ich doch, weder in
den Straßen jener Stadt noch sonst irgendwo im öffentlichen
Verkehrswesen auf den verschiedenen Inseln einen Aussätzigen
zu Gesicht, denn bei den ersten Anzeichen von Leprosis werden
die damit Behafteten sofort in ein Hospital gebracht und dort
ganz von der Welt abgeschlossen. Ein Fremder ist in Honolulu
vor der Berührung mit Aussätzigen so sicher, als befände er sich
innerhalb seiner heimischen vier Wände. Nur wenn er sich einen
Erlaubnisschein verschafft, das Leper-Hospital bei Kakaako (in
der Nähe von Honolulu) in Augenschein nehmen zu dürfen, oder
wenn es ihm ausnahmsweise gestattet wird, die Ansiedelungen
der Aussätzigen auf der Insel Molokai zu besuchen, wird er jene
Unglücklichen zu sehen bekommen. Meine Neugierde wurde durch

einen Besuch in Kalaako vollständig befriedigt, zumal ich in Californien schon öfters Aussätzige zu Gesicht bekommen hatte.

Bereits vor mehr als 50 Jahren zeigten sich vereinzelte Fälle von asiatischer Leprosis unter den Eingeborenen auf den Sandwichinseln. Im Jahre 1856 erreichte diese entsetzliche Krankheit aber eine solche Verbreitung unter den Kanaken, daß alle ärztlichen Bemühungen, der Seuche Einhalt zu thun, sich als vergeblich herausgestellt haben. Zur Zeit der Regierung Kamehamehas V., der im Jahre 1863 den Thron bestieg, wurden die ersten kräftigen Versuche gemacht, die weitere Verbreitung des Aussatzes durch Absonderung der Kranken von den Gesunden zu verhindern. Unter den unglaublichsten Schwierigkeiten wird die Seuche seitdem bekämpft, aber die Kanaken-Bevölkerung ist dermaßen von derselben durchseucht worden (sollen doch 5% der eingeborenen Bevölkerung Hawaiis mehr oder weniger mit dem Aussatzgift behaftet sein!), daß an ein Auslöschen der furchtbaren Krankheit vorläufig nicht zu denken ist. Im Jahre 1866 gründete die Regierung des Königreichs Hawaii die „Ansiedelung für Aussätzige" (Leper Settlement) auf der Insel Molokai, wohin seitdem die meisten Leprösen von den verschiedenen Inseln der hawaiischen Gruppe gebracht werden und dort von allem Verkehr mit der Außenwelt abgesondert sind.

Die Leprosis wurde aus Asien, wie es heißt von Chinesen, nach den Sandwichinseln eingeschleppt, wo sie für ihre Verbreitung den denkbar günstigsten Boden gefunden hat. Ob die Krankheit ansteckend ist, darüber waren die Ärzte sich lange Zeit nicht einig. Jetzt wird angenommen, daß dies im allgemeinen der Fall ist, daß jedoch noch andere Vorbedingungen als die bloße Berührung mit einem Aussätzigen für die Ansteckung maßgebend sind. Es ist eine Thatsache, daß die meisten verheirateten Aussätzigen ihre Krankheit weder auf ihre Frau noch auf ihre Kinder übertragen, woraus man schließt, daß sich die Krankheit

nicht vererbt. Die vielen aussätzigen Kinder, die man auf
Molokai sieht, scheinen diese Annahme freilich nicht zu bestätigen,
obgleich es möglich ist, daß die Kinder auf andere Weise als
durch Vererbung dort angesteckt worden sind. Das unheimliche
Wesen der Ansteckung macht diese Krankheit besonders Schrecken
erregend. In Honolulu habe ich öfters die Meinung aussprechen
hören, es leiste die bei den Kanaken sehr beliebte Speise von
rohen Fischen der Krankheit großen Vorschub, was aber eine
unbegründete Mutmaßung zu sein scheint, denn in anderen
Ländern, wo der Aussatz vorkommt, werden keine rohen Fische
verzehrt. Einen großen Einfluß auf die Überhandnahme der
Seuche übt ohne Zweifel die außerordentlich lockere Sittlichkeit
der hawaiischen Frauen aus, unter denen Syphilis und andere
ansteckende geschlechtliche Krankheiten weit verbreitet sind. Elend,
Schmutz und Unsittlichkeit sollen ja die Hauptursachen dieser
furchtbaren Krankheit sein. In Hawaii trägt wohl der geschlechtliche Umgang zwischen gesunden Kanaken und leprösen Frauen
ihrer Rasse und umgekehrt viel zur Ausbreitung der Seuche bei.
Der Verkehr zwischen gesunden und angesteckten Kanaken, wobei
es den ersteren ganz einerlei ist, ob sie gelegentlich mit einem
Aussätzigen unter derselben Wolldecke schlafen, aus derselben
Pfeife mit ihm schmauchen u. s. w., hat auch gewiß schon manchen
angesteckt. Der Aussatz entwickelt sich sehr langsam. Jemand
kann das Gift monatelang, oft jahrelang im Körper tragen, ehe
es sich äußerlich zeigen wird, und während dieser Zeit ist das
Verpflanzen der Seuche von den Angesteckten auf die Gesunden
bei dem lockeren Verkehr der Kanaken untereinander, die nur
geringe Furcht vor dem Aussatz haben, sehr leicht möglich. Den
Beamten, welche auf Aussätzige fahnden, suchen diese auf alle
mögliche Weise zu entgehen; von ihren Freunden und Verwandten werden sie versteckt, und sie fügen sich nur in das
Unabwendliche.

Der Aussatz kommt in zwei Formen vor, als sogenannter Knollenaussatz und als glatter Aussatz, die aber nicht selten an einem und demselben Kranken gleichzeitig angetroffen werden. In der Regel zeigen sich zuerst weißliche oder nußfarbene, meistens schuppige und unempfindliche Hautstellen an den Ohrlappen, Nasenflügeln und Augenbrauen, an Händen und Füßen, oder es bilden sich unter der Haut harte Knoten, die nach einiger Zeit in ekelhafte, zerstörende Geschwüre übergehen. Wenn die Krankheit vollständig entwickelt ist, bedeckt sich der Körper mit Geschwüren, Beulen, Knoten u. s. w., das Gesicht ist entsetzlich entstellt, die Haupthaare, der Bart, die Augenbrauen fallen aus, abschreckende Hautausschläge, eiternde Löcher bilden sich, namentlich an den Armen und Beinen und im Gesicht, und der Körper sieht aus, als ob er von Ratten angenagt sei. Die Gelenkbänder an den Spitzen der Glieder werden zerstört und Finger und Zehen fallen ab. Selten aber dehnt sich die Zerstörung auf Hand oder Fuß aus, niemals auf die höher hinauf gelegenen Teile. Der ekelhafte Fäulnisgeruch der Kranken ist kaum zu ertragen.

In diesem Zustande kann der Aussätzige monate- oft jahrelang leben und verfault sozusagen stückweise bei lebendigem Leibe. Schmerzhaft ist die Krankheit gottlob nur wenig, aber die Sinne des Aussätzigen schwinden einer nach dem andern und es bemächtigt sich seiner bei fortschreitender Entkräftung ein Stumpfsinn, eine gänzliche Gleichgiltigkeit über sein entsetzliches Schicksal. Nur in der allerletzten Entwickelungsstufe, kurz vor dem Tode, der mitunter Jahrzehnte auf sich warten läßt, und wenn innere Körperteile angegriffen werden, stellen sich zuweilen furchtbare Schmerzen ein. Ein Aussätziger, bei dem sich die Krankheit vollständig entwickelt hat, ist unheilbar. Die wenigen, welche aus den Hospitälern Hawaiis als geheilt entlassen wurden, waren ohne Ausnahme sogenannte leichte Fälle, und bei den meisten von diesen mutmaßte man die Krankheit nur.

Im Mittelalter verbreitete sich der Aussatz über ganz Europa, wohin er ungefähr um das Jahr 1000 eingeschleppt worden war, und später durch die Kreuzfahrer von Land zu Land getragen wurde. Der Name Aussätzige wurde diesen Kranken beigelegt, weil man sie von der bürgerlichen Gesellschaft ausschloß. Fast jede Stadt in England, Deutschland und Frankreich hatte damals ihr Hospital für Aussätzige. Italien litt fürchterlich durch die Seuche. Als diese im Jahre 1300 ihren Höhepunkt erreichte, befanden sich in Frankreich, das zu jener Zeit nur die Hälfte seines gegenwärtigen Umfangs hatte, 2000 Aussatzhäuser, und man zählte in Europa 19000 Loproserien. Die Päpste erließen Bullen, wodurch die Aussätzigen der kirchlichen Gemeinschaft verlustig gingen. Sie wurden als „unrein" von allem Verkehr ausgeschieden, und nur auf diese Weise ward die Plage allmählich unterdrückt, um gegen den Schluß des 16. Jahrhunderts als Volksseuche aus Europa zu verschwinden. Aber ganz verlor sich der Aussatz nie aus der Welt. Überall im Orient, insbesondere unter den Fellahs in Ägypten und in Indien, in China und Japan, in den Küstenländern von ganz Afrika, auf Madagaskar, Mauritius, Isle de Bourbon, St. Helena und Madeira, in Mexiko, in Mittel- und Südamerika u. s. w. findet man Aussätzige unter den ärmeren Volksklassen in größerer oder geringerer Zahl. Selbst in Europa giebt es noch Lepra-Herde, namentlich in Norwegen, wo im Jahre 1864 unter zwei Millionen Einwohnern 2282 Lepröse amtlich festgestellt wurden, und auf den griechischen Inseln (Samos und Kreta), in geringerem Maße in Italien, Frankreich, Spanien, Portugal, den russischen Ostseeprovinzen u. s. w. Vereinzelte Fälle kommen in Mitteleuropa heute noch zur Beobachtung.

Wie bereits bemerkt wurde, ist die Ansteckung des Aussatzes, das Übertragen desselben von einem Kranken auf einen ganz gesunden Menschen, oft angezweifelt worden. Durch Berührung allein scheint dies allerdings kaum möglich zu sein. In neuerer Zeit wurden aber mehrere Fälle auf den Sandwichinseln beobachtet, welche die Möglichkeit einer Ansteckung auf die eine oder die andere Weise außer Frage stellen. Weit bekannt geworden ist das Schicksal des Paters Damien. Dieser, ein belgischer Geistlicher, begab sich im Jahre 1873 freiwillig nach Molokai, um dort den Kranken und Sterbenden hilfreich zur Seite zu stehn. Er weilte am Sterbebette von nicht weniger als 2000 jener Ausgestoßenen. Nach sage dreizehn Jahren kam der Aussatz bei diesem pflichtgetreuen Manne, der dagegen wie gefeit schien, endlich doch noch zum Ausbruch. Im Sommer 1886 schrieb er an einen Freund in Honolulu die folgenden ergreifenden Worte:

„Ich darf nicht mehr nach Honolulu gehn, weil der Aussatz an meinem Körper ausbricht. In meinem linken Bein und in meinem Ohr haben sich bereits Mikroben eingenistet, und eine meiner Augenbranen fängt an abzufallen. Ich erwarte, daß mein Gesicht bald entstellt sein wird.

„Da ich über den wahren Charakter meiner Krankheit durchaus nicht im Zweifel bin, so fühle ich mich ruhig, ergeben und glücklicher unter meinem Volke hier. Der allmächtige Gott weiß, was das Beste für mein geistiges Wohl ist, und mit dieser Überzeugung spreche ich täglich das gute Wort aus, fiat voluntas tua." —

Von nun an wurde der Pater Damien, der bereits ein Auge eingebüßt hatte, immer hinfälliger. Um ihn in seinem Amte zu unterstützen, begab sich der gleichfalls aus Belgien stammende katholische Geistliche Conrardy, der längere Zeit in Oregon lebte, im Mai 1888 über San Francisco nach Molokai. Die Stelle des Paters Damien und die Oberaufsicht über die Ansiedelung der Aussätzigen in Molokai übernahm bald darauf der Pater Wendelin. Im Juni 1889 schrieb dieser nach New York:

„Bis jetzt machen sich bei mir noch keine Anzeichen der Krankheit geltend, mein Gehülfe aber, der Pater Courardy ist ans Bett gefesselt und liegt im Hospital in Honolulu. Wahrscheinlich beginnt bei ihm bereits die furchtbare Krankheit".

Über das Ende des Paters Damien, der am 15. April 1889 in Molokai starb, veröffentlichte die englische katholische Wochen-zeitung „Tablet" folgenden Bericht:

„Am 28. März mußte Pater Damien das Bett aufsuchen, und am 30. März begann er sich auf den Tod vorzubereiten, indem er eine Generalbeichte ablegte und sein Gelübde erneuerte. Am nächsten Tage empfing er das heilige Viatikum. „Seht meine Hände an!" rief er aus — „die Wunden heilen alle und die Kruste wird schwarz. Ihr wißt, dieses ist ein Zeichen des Todes. Schaut meine Augen an! Ich habe so viele Aussätzige sterben sehn, daß ich mich nicht irren kann. Der Tod ist nahe. Ich hätte gern den Bischof noch einmal gesehn. Der liebe Gott aber ruft mich, um Ostern bei ihm zu feiern. Gott sei gesegnet!" — Am 2. April gab ihm der Pater Courardy die letzte Ölung. „Wie gut Gott ist", sagte er an dem Tage, „mich so lange bewahrt zu haben, daß ich zwei Priester an meiner Seite und auch die guten barmherzigen Schwestern neben mir habe. Die Sache der Aussätzigen ist gesichert, und so bin ich nicht länger hier notwendig und will bald ins Jenseits gehn." — Dann folgten einige wenige Tage des Aufraffens und der Hoffnung. Die barmherzigen Schwestern besuchten ihn oft. Jeder bewunderte seine einzige Geduld. — — Er hatte all sein Geld für seine Pflegebefohlenen ausgegeben, so daß nicht einmal Bettwäsche zum Wechseln da war. Am 15. April begann der kurze Todes-kampf. Er starb ohne Schmerzen, als ob er einschliefe. Auf seine eigene Bitte wurde er unter dem Pandanus-Baum begraben, unter dessen Schatten er zu schlafen pflegte, als er zuerst auf Molokai landete und noch keine Wohnung hatte." —

Wer diesen Bericht liest und dabei bedenkt, daß dem Pater
Conrardy und dem Pater Wendelin höchstwahrscheinlich dasselbe
schreckliche Schicksal bevorsteht, das ihren Vorgänger, den Pater
Damien, betroffen hat, der muß jenen Männern, die als echte
barmherzige Samariter nach Molokai gegangen sind, die größte
Hochachtung zollen.

Ein nicht minder interessanter Fall ist von dem deutschen
Arzte Eduard Arning sozusagen geschaffen worden. Dieser
wurde zu Anfang der achtziger Jahre auf Veranlassung von
Prof. Virchow nach den hawaiischen Inseln geschickt, um den
Aussatz dort an Ort und Stelle in allen seinen Erscheinungen
zu beobachten. Während eines mehrjährigen Aufenthaltes in
Honolulu impfte Dr. Arning Hunde, Affen und andere Tiere
mit dem Aussatzgift, ohne damit irgendwelchen Erfolg zu erzielen.
Um die Frage der Ansteckung endgiltig zu entscheiden, bot die
Regierung einem zum Tode verurteilten Mörder lebenslängliches
Gefängnis als Begnadigung an, falls dieser damit einverstanden
sei, daß ihm eine lepröse Tuberkel eingeimpft werde. Der
Galgenkandidat, ein anscheinend kerngesunder Kanake mit Namen
Kearne, willigte ein, und Dr. Arning verpflanzte am
30. September 1884 einen von einem Aussätzigen entfernten
leprösen Knoten jenem durch Einschnitt in die Haut auf den
linken Vorderarm. Der Knoten verwuchs vollständig und ver-
ursachte sogar bei der Berührung heftige Schmerzen. Aber dabei
blieb es. Jahre vergingen, und kein Aussatz stellte sich bei dem
Geimpften ein.

Am 24. Mai 1888 wurde ein Bericht des amerikanischen
Konsuls John M. Putnam in Honolulu an das Staats-
departement in Washington veröffentlicht, worin dieser die obigen
Angaben macht und zum Schluß mitteilt, es habe sich vor einigen
Monaten eine sichtliche Veränderung im Wohlbefinden des
Mörders bemerkbar gemacht. Im vergangenen Monat wäre

dann der Aussatz unverkennbar an ihm ausgebrochen (dies wurde am 25. September 1888 von den höchsten hawaiischen Behörden bestätigt und protokollarisch festgestellt). Allerdings sei die Möglichkeit nicht ausgeschlossen, daß der Kanake schon vor der Impfung das Gift im Körper gehabt hätte, da er aber bereits das mittlere Lebensalter überschritten habe, so wäre dies sehr unwahrscheinlich.

Die Gegner der Ansteckungstheorie behaupten, daß auch dieser Impfungsversuch nicht entscheidend gewesen sei, weil das Versuchsobjekt ein Kanake, also ein Angehöriger einer Rasse war, welche für Aussatz ohnehin empfänglich und prädisponiert ist. Wie dem auch sei. Die Fortpflanzung des Giftes ist immer noch in Dunkel gehüllt, und es vergehn oft Jahre, ehe dasselbe wirkt. Daß die Giftkeime außerordentlich schwer zu töten sind, wurde am 23. Mai 1888 in der Mikroskopischen Gesellschaft in San Francisco bewiesen. Der amerikanische Arzt Dr. Stallard zeigte dort drei mit Wasser gefüllte, luftdicht verschlossene Glasrohre, wohinein er vor anderthalb Jahren einige lepröse Bacillen setzte, die sich in demselben Wasser unglaublich vermehrt hatten und ganz munter und lebendig waren. Der gelehrte Herr Doktor machte bei dieser Gelegenheit die für die Bewohner San Franciscos recht aufmunternde Bemerkung, es seien genug Aussatzbacillen in den drei Glasrohren vorhanden, um die halbe Bevölkerung der Stadt damit anzustecken! Schließlich gab er den gewiß vortrefflichen Rat, ein Staatsgesetz zu erlassen, wonach alle hier am Aussatz Verstorbenen verbrannt werden müßten.

In Californien, und auch in Oregon, hat sich der von Chinesen dort eingeschleppte Aussatz auf bedenkliche Weise bemerkbar gemacht. Die meisten dieser Kranken werden im Blattern-hospital in San Francisco untergebracht. Nach einer Angabe des Gesundheitsbeamten in San Francisco fanden dort während der Zeit vom 5. Juli 1871 bis zum 30. Mai 1890 im ganzen

124 Aussätzige Aufnahme. Während dieses Zeitraums starben 10 Aussätzige im Hospital, 108 aussätzige Chinesen wurden nach China zurückgesandt, wofür die Stadt für jeden 60 Dollars, im ganzen 6480 Dollars bezahlte, und 6 Aussätzige, sämtlich Weiße, befanden sich am 30. Mai 1890 noch im Blatternhospital. 13 von den Erkrankten gehörten zur kaukasischen, 111 zur mongolischen Rasse. Sollte diese entsetzliche Krankheit größere Ausdehnung in Californien annehmen, so wird die Errichtung einer Leproserie in San Francisco bald zur Notwendigkeit werden.

Die Ansiedelung der Aussätzigen auf Molokai liegt an der Nordseite jener schwach bevölkerten Insel (Molokai zählt mit Einschluß der Aussätzigen nur etwa 2500 Bewohner), und zwar auf der ganz abgeschlossenen Halbinsel Kalawao, die eine Bodenfläche von etwa 6000 Acker enthält. Die Halbinsel ist ganz und gar vulkanischen Ursprungs und verdankt ihre Ent-stehung dem längst erloschenen 3500 Fuß hohen Vulkan Kahukoo (Kahuku), der dieselbe an der alten Küstenlinie abschließt und nur auf einem halsbrechenden Saumpfade überschritten werden kann. Vom Meere aus ist die ringsum etwa 100 Fuß steil abfallende Küste der Halbinsel nur an zwei Stellen zugänglich. Einst wohnte dort eine zahlreiche Bevölkerung von Eingeborenen. Die vielen quer über die Landzunge sich erstreckenden Steinwälle und eine Menge von Steineinfriedigungen, mit einer Gesamt-länge von 30 bis 40 englischen Meilen (48 bis 64 km), sind ein sprechender Beweis davon. Stellenweise laufen die Stein-wälle in einer Entfernung von nur vier Fuß neben einander und scheinen kleinen Gartenanlagen und Tarobeeten als Schutz gegen die scharfen Passatwinde gedient zu haben. Der Boden muß hier sehr wertvoll gewesen sein, denn heute noch kann man viele kleine, oft nur 3 bis 4 □-Fuß große künstliche Terrassen bemerken, die auf den steilen Abhängen des mit Gestrüpp und Walddickichten bestandenen Kahukoo bis zu seinem Gipfel angelegt sind. Bejahrte Eingeborene erzählen, daß die Halbinsel einst durch ihre vielen Schweine und namentlich durch ihre vortrefflichen süßen Kartoffeln eine Berühmtheit erlangt hatte. Auf ihren dichten Grasflächen könnten 10000 Schafe und 1000 Stück Hornvieh genügend Futter finden. Von der zahlreichen Urbevölkerung sind nur etwa vierzig kleine Landbesitzer übrig geblieben, die mit den Aussätzigen und den Krankenwärtern (Kokuas) fortwährend in Grenzstreitigkeiten verwickelt sind.

Die Halbinsel scheint wie geschaffen dazu zu sein, um die mit Lepra Behafteten von der Welt abzusondern, denn niemand könnte sich unentdeckt von außen her einschleichen, oder den Raum unbemerkt verlassen. Für die Aussätzigen in Kalawao wurde von der hawaiischen Regierung ausnehmend gut gesorgt. Man betrachtet dieselben als Pfleglinge der Nation, sie haben weder Abgaben noch Miete zu zahlen und sie erhalten Medizin, Kleider u. s. w. umsonst. Täglich bekommen sie in ausreichendem Maße Poi, Reis, Milch, Fleisch, Lachs (den sie leichter als Fleisch kauen können), Seife, Petroleum u. s. w., und sie sind von allen Sorgen für ihren Lebensunterhalt befreit. Die zahlreichen Kinder erhalten einen guten Schulunterricht. Die wohlhabenderen Aussätzigen können in ihren eigenen Häusern wohnen. Wer Lust dazu hat, der darf nach Belieben ein Stück Land bebauen und den Ertrag davon für seinen eigenen Nutzen verwenden. Manche thun dies und haben sich an geschützten Orten zwischen den Felsen und in den Schluchten angesiedelt, wo sie süße Kartoffeln und anderes Gemüse ziehen. Die meisten unter ihnen haben aber in den etwa 400 hübschen Holzhäusern, welche die Regierung dort errichten ließ, ein Unterkommen gefunden.

Es giebt zwei Niederlassungen für Aussätzige auf der Halbinsel. Die größere Ansiedelung liegt bei Kalaupapa, wo die Dampfschiffe landen. Für die Schwerkranken wurde zwei engl. Meilen (etwas über 3 km) landeinwärts ein Hospital in

Kalawao erbaut, in dessen Nähe die gleichnamige zweite kleinere Niederlassung liegt. In Kalaupapa leben unter den Lepers etwa 150 Nichtaussätzige, die Freunde und Verwandte der Kranken sind und diese freiwillig pflegen, und andere, die von der Behörde als Krankenwärter angestellt wurden. Blumenbeete und tropische Bäume umgeben die sauberen, weiß getünchten Wohnungen. Die Ansiedelung sieht aus wie ein kleines amerikanisches Landstädtchen. Diejenigen unter den Gesunden, welche sich dort dauernd niedergelassen haben, besitzen Kühe, Federvieh u. s. w. und kleine Strecken Land, das sie bebauen. Kalawao besteht aus einer einzigen langen Straße, und sieht ähnlich aus wie Kalaupapa. In jeder der beiden Ansiedelungen befindet sich eine katholische und eine kalvinistische Kirche, wo regelmäßig Gottesdienst abgehalten wird. Der vorhin genannte Pater Damien hatte die Pflege des katholischen Gottesdienstes übernommen, der jetzt von dem neuen Geistlichen Wendelin versehen wird. Ein Eingeborener ist protestantischer Pastor. Auf dem zum Hospital gehörenden Landbesitz befinden sich etwa 50 Milchkühe, 400 Pferde, viele Schweine, Hühner u. s. w. In den Gärten wird Gemüse aller Art gezogen.

Die Aussätzigen in Kalawao sind mit ihrem Schicksal ganz zufrieden, d. h. insoweit sie dort, abgeschlossen von der Welt, sorgenfrei leben können. Wer von ihnen nach Molokai kommt, der ist, mit Ausnahme der wenigen, die im Laufe der Jahre als geheilt entlassen wurden, gleichsam lebendig begraben: ein schrecklicher Gedanke, der aber für jene nichts Furchtbares zu haben scheint. Im Gegenteil, die Aussätzigen sind ein ganz vergnügtes Völkchen. Die zahlreichen aussätzigen Kinder lachen und spielen geradeso wie gesunde Kinder es zu thun pflegen. Ein freundliches Wort macht auch die Erwachsenen jeder Zeit glücklich. Gesang und Musik werden von ihnen gepflegt, sogar ein kleines Orchester mit Blechinstrumenten haben sie unter sich eingerichtet;

der Anblick der entstellten Gesichter der Musikanten soll aber, wenn diese auf ihren Instrumenten blasen, schrecklich wider-wärtig sein.

Daß das Bild der Aussätzigen, namentlich das der Schwer-kranken im Hospital, über alle Maßen grauenvoll ist, brauche ich wohl kaum zu erwähnen. Da Fremde nur selten in Kalawao zugelassen werden, so ist die Ankunft eines solchen allemal ein Ereignis. Die Aussätzigen, Erwachsene und Kinder, folgen ihm auf Schritt und Tritt. Der bekannte amerikanische Schriftsteller Charles Warren Stoddard, der im Jahre 1885 dort einen Besuch machte, schreibt:

> „Als wir in die Nähe der Kapelle kamen, vermehrte sich die Zahl der Aussätzigen, von denen einer immer noch entsetzlicher als der andere aussah, bis sich die Fäulnis des Fleisches unmöglich grauenhafter auf dieser Seite des Grabes zeigen konnte. Als wir voranschritten, zogen sie sich erst freiwillig etwas zurück, drängten sich dann hinter uns zusammen und umgaben uns in einem Kreise" — u. s. w. —

Die Beschreibungen der schlimmsten Fälle von Aussätzigen in Stoddards sehr interessanter kleiner Schrift „The Lepers of Molokai" sind aber so entsetzlich, daß ich den Leser mit einer Wiederholung derselben verschonen will.

In 20 Jahren (6. Januar 1866 bis 1. November 1885) wurden 1985 Männer und 1116 Frauen, zusammen 3101 Aus-sätzige, nach Molokai geschickt, von denen 2178 starben und nur 145 als geheilt entlassen wurden. Ein statistisches Verzeichnis für 1886 konnte ich mir leider nicht verschaffen. Vom 1. Juli 1887 bis zum 1. Juli 1889 wurden 1053 Kranke nach Molokai ver-bannt. Es befinden sich durchschnittlich etwa 800 Aussätzige auf Molokai. Bis zum 1. November 1885 verausgabte die hawaiische Regierung 613756$^{95}/_{100}$ Dollars für das Leper Settlement, welche Summe sich bis 1890 auf ungefähr eine Million Dollars vermehrt hat, — eine sehr bedeutende Ausgabe für die verhältnismäßig geringen Mittel des Königreichs Hawaii.

Außer der Ansiedelung von Aussätzigen auf der Insel Molokai wurde für denselben Zweck im Jahre 1881 in der Nähe von Honolulu das bereits erwähnte Zweig-Hospital für Aussätzige bei Kakaako errichtet und am 12. Dezember des genannten Jahres mit der Aufnahme von 48 Kranken eröffnet. Es stellte sich nämlich als wünschenswert heraus, in der Nähe der Hauptstadt ein Hospital für Aussätzige zu besitzen, worin die von den verschiedenen Inseln anlangenden Kranken sofort von der Außenwelt abgeschlossen werden konnten. Auch werden solche dahin gebracht, bei denen man den Aussatz nur vermutet, aber nicht bestimmt nachweisen kann. Sobald die Ärzte davon überzeugt sind, daß einer von denen, die dort Aufnahme gefunden haben, nicht mit der Seuche behaftet ist, wird er wieder entlassen, im andern Falle wird er nach Molokai geschickt. In jüngster Zeit kann man aber eben so schlimme Aussätzige in Kakaako wie in Kalawao zu sehen bekommen.

Ehe ich das Zweig-Hospital bei Kakaako betrat, zog ich mir vorsichtshalber ein Paar Handschuhe an, die ich nachher fortwarf, da der Gedanke, einem Aussätzigen die Hand schütteln zu müssen, nicht sehr verlockend ist. Einige entsetzlich aussehende Lepers, denen ich dort begegnete, verleideten mir die Lust zu einem längeren Aufenthalte. Das Hospital besteht aus zwanzig, durch einen hohen Zaun von aller unmittelbaren Verbindung mit der Außenwelt abgeschlossenen Holzhäusern, die hart am Strande innerhalb des Korallenriffs liegen, wo stets ein kühler Seewind weht. Die Verwaltung wurde von sieben barmherzigen Schwestern übernommen, die ihren traurigen Pflichten mit seltener Aufopferung nachkommen. Zum Hospital, aber getrennt von demselben liegend, gehört das Kapiolani Home of Leper girls, eine von der Königin Kapiolani im Jahre 1884 gegründete Anstalt, in welcher nur Mädchen, deren Eltern mit dem Aussatz behaftet sind, Aufnahme finden. Die Mädchen werden dort erzogen, damit sie, falls sie der schrecklichen Krankheit entgehen, nicht ganz hilflos in das Leben eintreten. Auch zwei Schulen gehören zu der Anstalt, eine für Knaben und eine für Mädchen. Bis zum 1. November 1885 fanden 765 Aussätzige Aufnahme in Kalaalo, von denen 67 starben, 126 entlassen und 475 nach Molokai übergesiedelt wurden.

Merkwürdig ist es, daß es auf den Sandwichinseln gegenwärtig keine chinesische Aussätzige giebt und nur wenige Weiße, die mit jener schrecklichen Krankheit behaftet sind. Dieselbe beschränkt sich fast ausschließlich auf die eingeborene kanakische Bevölkerung.

Ob es je gelingen wird, den Aussatz im Gebiete des Königreichs Hawaii zu bewältigen und auszulöschen, oder ob derselbe erst mit dem gänzlichen Aussterben der Kanaken von dort verschwinden wird, kann niemand vorhersagen. Zu der grausamen Trennung der Verheirateten in den Verbannungsorten hat sich die Regierung bis jetzt noch nicht entschließen können. Jedenfalls erfüllt diese ihre volle Pflicht mit Bezug auf die ihr ohne ihre Schuld aufgebürdete entsetzliche Plage. Kein civilisiertes Volk der Welt vermöchte in einer ähnlichen Lage mehr zu leisten als das kleine Königreich in der Südsee.

Fünfzehntes Kapitel.

Ausflug nach Wainae. — Der Kriegsdampfer Kaimiloa. — Kalakauas Kaiser=
pläne. — Der Perlenfluß=Hafen. — Eine Lockspeise für Onkel Sam. — Der
Anbau von Reis auf den Sandwichinseln. — Der Kaala und die Kraterberge
bei Wainae. — Ankunft in Wainae. — Ein Lager Kamehamehas III. — Das
Thal Makoha. — Bissige Moskitos. — Armut der ursprünglichen Tier= und
Pflanzenwelt in Hawaii. — Gespenster in meinem Schlafgemach. — Kampf
mit „Preußen“ auf der Veranda. — Die Zuckermühle in Wainae.

Das sich zu Anfang des Januars fast jeden Tag einstellende
Regenwetter veranlaßte mich, meinen Plan, einen Ausflug nach
den Inseln Maui und Kauai zu unternehmen, wieder aufzugeben.
Den Haleakalá auf der Insel Maui bei tropischen Regengüssen
zu besteigen, zehntausend Fuß über dem Meere in einer Höhle,
in Gesellschaft von Millionen von Erdflöhen zu übernachten und
schließlich vor lauter Regen und Wolken von dem alten Riesen=
krater und der großartigen Aussicht auf die Vulkane Hawaiis
gar nichts zu sehen zu bekommen, schien mir ebensowenig er=
wünscht zu sein, als auf der Insel Kauai im strömenden Regen
auf grundlosen Wegen herumzureiten und Zuckerpflanzungen zu
besuchen. Letztere konnte ich bequemer in der Nähe von Hono=
lulu in Augenschein nehmen. Ich nahm daher eine Einladung
des Herrn H. A. Widemann, eines der angesehensten deutschen
Bürger Honolulus, mit ihm am nächsten hellen Tage auf einem
Küstendampfer nach seiner Zuckerpflanzung in Wainae (Weinei)

zu fahren, mit Freuden an. Als bereits an dem dieser Einladung folgenden Tage die goldene Sonne mich frühzeitig weckte,
war ich schnell reisefertig und begab mich mit Herrn Widemann
an Bord des kleinen Dampfers Kaala, der uns nach Wainae
bringen sollte, das 30 engl. Meilen (48 km) von Honolulu am
westlichen Ufer der Insel Oahu liegt.

Unser Dampfer steuerte unbeachtet in der Nähe der im
Hafen friedlich neben einander ankernden fremden Kriegsschiffe
vorbei. Abseits lag dort, nur von einem einzigen Matrosen
bewacht, der hawaiische Kriegsdampfer Kaimiloa (das Schönste),
den Kalakaua käuflich erstand, als er Kaiser der Südseeinseln zu werden gedachte. Die Kaimiloa machte nur eine
Reise und zwar im Dezember 1886 nach Samoa, wo man
Kalakauas Kaiserpläne mit Verachtung zurückwies. Der kaffeebraune König Malietoa, der seitdem recht unangenehme Er-
fahrungen gemacht hat, hätte wohl besser daran gethan, sich
unter den Schutz des großen Kalakaua gestellt zu haben. Schon
der Titel „Kaiser der Südseeinseln" würde die Deutschen in
Schrecken gesetzt haben, und Bismarck hätte sich ohne Zweifel
das Wagnis, jenem zu trotzen, reiflich überlegt. Die welt-
geschichtlichen Ereignisse im Hafen von Apia, welche Deutschland
und die Vereinigten Staaten beinahe in einen Krieg verwickelten,
wären höchstwahrscheinlich vermieden worden, denn Kalakaua
hätte jenen Mächten sofort den Standpunkt klar gemacht. Einem
Waffengang würde er aber auf diplomatischem Wege ausgewichen
sein, weil ein Krieg mit Deutschland oder Amerika ihm schon in
Anbetracht seines 75 Mann starken Heeres, seines einzigen
ziemlich ungefährlichen Schlachtschiffs und des leeren Staats-
schatzes unerwünscht sein mußte. Mit Ach und Krach entging
die Kaimiloa damals in Apia dem traurigen Schicksal, öffentlich
versteigert zu werden, um den längst fälligen Sold, den die
hawaiische Regierung den murrenden Seeleuten schuldete, flüssig

zu machen. Jetzt liegt der stolze Kriegsdampfer ohne Kohlen und ohne Besatzung als einziger Vertreter der hawaiischen Seemacht im Hafen von Honolulu, ein trauriger Beweis des Größenwahns von Kalakaua, und wartet auf einen Käufer. *)

Bald gelangten wir durch den engen Paß zwischen den von der Flut bedeckten grauen Korallenriffen in offenes Fahrwasser und dampften längs der Küste von Oahu gen Westen. Das Wasser war so klar, daß der helle Sandboden in 20 bis 30 Fuß Tiefe deutlich erkannt werden konnte. Wir fuhren an der Mündung des in neuerer Zeit oft genannten Perlenflusses (paukoa) vorüber, der in Gestalt eines Baumes, dessen Stamm die Einfahrt, die Äste die Verzweigungen des Hafens andeuten, tief ins Land einschneidet. Den Perlenfluß-Hafen (Pearl River Harbor) überließ die hawaiische Regierung im Jahre 1876 beim Abschlusse des Gegenseitigkeits-Vertrags mit den Vereinigten Staaten, der am 29. November 1887 auf sieben Jahre verlängert wurde, dieser Macht als Kriegs- oder Handelshafen oder als Kohlenstation für die Dauer des Vertrags. Eigentlich bot die Regierung des Königreichs Hawaii dem Senat in Washington den Perlenfluß nur als Lockspeise an, um jenen für die Bestätigung des Zollvertrags, der eine Lebensfrage für das kleine Inselreich ist, günstig zu stimmen, was denn auch zur Freude aller Zuckerpflanzer damals gelang.

Die Mündung des Pearl River (der kein Fluß, wie der Name anzudeuten scheint, sondern ein Meereseinschnitt ist) liegt

13 englische Meilen (21 km) westlich von Honolulu an der Südseite der Insel Oahu. In gerader Richtung auf dem Landwege ist er nur 4 englische Meilen (6½ km) von der Hauptstadt entfernt. Im Osten des Perlenflusses erheben sich steile Anhöhen, gegen Westen ist er durch ein Korallenriff und durch eine gefährliche Brandung vollständig geschützt. Einige schwere Batterien am Eingang des Hafens würden ihn gegen einen feindlichen Angriff mit Leichtigkeit verteidigen können. Der Hauptkanal ist 8500 Fuß lang und 1500 Fuß breit. Seine Rinne hat eine Breite von 500 mit einer geringsten Tiefe von 24 Fuß. Hundert Fuß von der inneren Barre beträgt die Tiefe 5 Faden. Die sich vom Hauptarm abzweigenden Kanäle des East-, Middle- und West Loch erstrecken sich 2000 bis 5000 Fuß weiter ins Land und haben genügende Tiefe für Seeschiffe. Auf der im East Loch liegenden Insel Mokuunaenne, die 3500 Fuß lang und 1500 Fuß breit ist, würde genug Raum für eine Kohlenstation sein. Vor Stürmen ist der Hafen vollständig geschützt.

Ob die Vereinigten Staaten den Perlenfluß unter den Bedingungen des Vertrags in Besitz nehmen werden, scheint sehr fraglich zu sein. Bis jetzt wurde dazu noch gar keine Anstalt getroffen. Um eine gute Einfahrt herzustellen, wäre es notwendig, ein Korallenriff zum Teil fortzusprengen und die Barre, welche, mit nur 3 Faden Wasser, 700 Fuß breit ist, zu vertiefen; dazu kämen Befestigungswerke, Bauten, Hafenanlagen u. s. w. — was alles zusammen gewiß mehrere Millionen Dollars kosten würde. In Honolulu wünscht man sehnlichst, daß die Bauten und Hafenanlagen am Perlenfluß bald in Angriff genommen werden, weil die Ausgabe einer so bedeutenden Summe jener nahe liegenden Stadt von großem Nutzen sein müßte. Onkel Sam wird sich aber die Sache wohl noch etwas überlegen und nicht ohne weiteres so tief in die Tasche greifen, denn er müßte sich jenen teuren „Elefanten" für sieben Jahre anhalten, bloß um ihn nachher wieder fortzuschenken. Ginge aber der Perlenhafen auf ewige Zeiten in den Besitz der Vereinigten Staaten über, so würden diese dort ohne Zweifel eine Kohlen-station und einen Kriegs- und Handelshafen anlegen, dessen günstige Weltlage und strategische Wichtigkeit einleuchtend sind, zumal der Hafen von Honolulu für große Kriegsschiffe nicht zugänglich ist.

Das an den Perlenfluß grenzende Land wird meistens als Weidegrund benutzt. In einigen sumpfigen Niederungen liegen Reisfelder. Ich will hier erwähnen, daß Reis nächst Zucker das bedeutendste Bodenerzeugnis der hawaiischen Inseln ist. Vor dem Zollvereinigungs-Vertrag mit den Vereinigten Staaten belief sich die jährliche Ausfuhr von Reis aus dem Königreiche Hawaii nur auf etwa 40000 Säcke, jeder zu 100 Pfund. 1887 betrug die Ausfuhr von Reis 10446000 Pfund, und im Jahre 1888 erreichte dieselbe ungefähr 120000 Säcke (12 Millionen Pfund). Andere auswärtige Länder müssen einen Zoll von 1½ Cents das Pfund auf Reis, der nach den Vereinigten Staaten ein-geführt wird, entrichten, wogegen der hawaiische Reis dort auf der Freiliste steht. Ehemals schickte man Reis aus San Francisco nach den Sandwichinseln, um dort die Arbeiter damit zu er-nähren, wogegen Weizen von Honolulu nach Californien aus-geführt wurde. Dies hat sich vollständig geändert. Es klingt komisch, wenn man heute in San Francisco hört, daß ehedem Weizen aus den Sandwichinseln eingeführt wurde.

Als wir um eine niedrige Landzunge (Barbers Point) herumfuhren, die am südwestlichen Ende der Insel Oahu weit in das Meer hinausreicht, trat der Kaala, ein 4030 Fuß (1229 Meter) hoher abgeplatteter Berg, der höchste Berg auf der Insel Oahu, in unseren Gesichtskreis. Dann erschienen nackte, 500 bis 800 Fuß hohe nahe am Strande vereinzelt bastehende

vulkanische Kegel und eine genau wie der Rand eines halb-
zerstörten Riesenkraters aussehende zerrissene Bergkette, die bis
3111 Fuß ansteigenden Wainae-Berge, welche mit den beiden
Enden eines neun engl. Meilen (14½ km) langen Halbbogens
bis an das Meer herantreten. Bald darauf erblickten wir den
hohen Schornstein der Zuckermühle, die Schuppen und die Lagerhäuser von Wainae, lange Reihen weißgetünchter Arbeiterhütten, die Landungsbrücke und einen Kokospalmenhain. Unser
Dampfer warf in einiger Entfernung vom Ufer einen Anker
aus und wir Reisenden, unter denen sich eine Anzahl Arbeiter
befanden, wurden in Böten nach der langen hölzernen Landungsbrücke befördert. Ein halbstündiger Spaziergang über ein Bahngeleise, durch Feld, Sumpfland und den Kokospalmenhain brachte
uns vom Landungsplatze nach dem Hause des Oberaufsehers,
bei dem ich ein gastfreies, vortreffliches Unterkommen fand.

Den Nachmittag benutzte ich dazu, mich auf der Pflanzung
und in der Umgebung etwas umzusehen. In Begleitung meines
Freundes Widemann und des Oberaufsehers fuhr ich zunächst
auf dem Bahngeleise auf einer von zwei kräftigen Kanaken in
Bewegung gesetzten Draisine durch die Felder und über einen
Bach nach dem nicht weit von der Ansiedelung entfernten alten
Lager Kamehamehas III. Es war dies eine nahe am
Meere liegende, aus lose aufeinander gelegten Steinen erbaute
Einfriedigung von 80 Fuß Breite und 250 Fuß Länge. Der
Steinwall, welcher eine Höhe von sechs bis zehn Fuß hatte, war
zum Teil noch recht gut erhalten. Es scheint dies ein befestigtes
Lager gewesen zu sein, dessen innerer Raum jetzt voll von stach-
lichtem Gestrüpp ist. Nicht weit davon entfernt lag ein hoher,
in die See hinaustretender Felskegel, in welchem sich zahlreiche
Höhlen befinden: eine alte Begräbnißstätte, wo man mitunter
heute noch Schädel und Waffenstücke mancherlei Art antrifft.
Weiterfahrend gelangten wir in das von schroffen Felsgipfeln

umschlossene Thal Makoha, in welchem eine kleine Zuckerpflanzung liegt. Das Zuckerrohr wird von dort auf dem von
uns benutzten Schienenstrang nach der Mühle in Wainae befördert.
In Wainae lebten 75 Japaner und 100 Chinesen von einander
abgesondert in zwei Reihen von kleinen weißgetünchten Holzhäusern. Die Arbeiter sahen ohne Ausnahme heiter und zufrieden
aus und wurden augenscheinlich gut behandelt. In der Ansiedelung befinden sich außer der großen mit Dampf getriebenen
Zuckermühle und den dazu gehörenden Gebäuden ein Schulhaus,
eine Kirche, ein Kaufladen, eine Postanstalt und eine Anzahl
Wohnhäuser. Eine engspurige Eisenbahn führt von der Mühle
bis mitten in die Zuckerrohrfelder hinein und wird dazu benutzt,
das Rohr, sobald es geschnitten ist, von den Feldern nach der
Mühle zu befördern.

Als sich die gezackte Bergkette, durch welche die Zuckerpflanzung auf der Landseite in weitem Bogen malerisch eingeschlossen wurde, unter einer überaus prächtigen Abendbeleuchtung
scharf von dem schnell dunkelnden Himmel abzeichnete, kehrten
wir nach der Wohnung des Oberaufsehers zurück, um dort im
Kreise seiner Familie unser Abendbrot zu genießen. Dies war
mit nicht geringen Schwierigkeiten verknüpft. Einige tausend
Moskitos hatten nämlich das Speisezimmer in Besitz genommen.
Eine bissigere Moskitogesellschaft war mir selbst an der Mündung
des Mississippi nicht vorgekommen! Es war uns nicht möglich,
einen Bissen ungestört zum Munde zu führen. Erst als unser
Wirt sämtliche Fenster und Thüren schloß, und einen ansehnlichen Vorrat von Insektenpulver in drei damit angefüllten
Schüsseln auf der Speisetafel in Brand steckte, so daß ein dichter
Rauch im Zimmer entstand, ließen uns die kleinen Ungeheuer,
die auf kurze Zeit betäubt wurden, in Ruhe. Daß diese nachher blutige Rache an uns nehmen würden, machte uns vorläufig
keine Sorge.

Bei dieser Gelegenheit erfuhr ich, daß es auf den Sandwich-inseln ursprünglich keine Moskitos gab, sondern daß diese im Jahre 1826 zuerst von dem aus Mexiko anlangenden Walfisch-fahrer Wellington in einem alten Wasserfaß nach Lahaina gebracht wurden. Die Hausfliegen wanderten ungefähr um dieselbe Zeit ein. Als Kapitän Cook zum ersten Mal die Sandwichinseln besuchte, gab es dort, mit Ausnahme von Ameisen, Spinnen, kleinen Eidechsen, Fledermäusen und einigen einheimischen Vögeln, nur Schweine, Hunde, Ratten, Mäuse und Hühner. Die ersten Inselbewohner, welche nach hawaiischen mündlichen Über-lieferungen aus Tahiti kamen, sollen Schweine, Hunde und Hühner von dort mitgebracht haben. Wie die Ratten und Mäuse nach Hawaii gelangten, ist leider nicht bekannt geworden. Schlangen, Frösche und Kröten giebt es heute noch nicht auf den Sandwichinseln. Dagegen wurden die ersten bis sechs Zoll langen Hundertfüßler und Skorpione im Jahre 1836 in Waren-ballen eingeführt. Diese beiden häßlichen Tierarten haben sich stark vermehrt, und sie sind jetzt in den feinsten Häusern in Honolulu keine Seltenheit. Einen großen Hundertfüßler trat ich dort im prächtigen Empfangszimmer eines meiner deutschen Freunde auf dem Teppich mit dem Stiefelabsatz tot.

Die ersten Spatzen langten auf der Bremer Barke R. C. Wyllie im Jahre 1875 in Honolulu an. Jetzt giebt es Hundert-tausende von Sperlingen auf den Sandwichinseln. Pferde, Rinder, Ziegen und alle Arten von Haustieren, die sämtlich ein-geführt wurden, haben sich außerordentlich vermehrt. Auch mit der Pflanzenwelt war es ursprünglich auf den hawaiischen Inseln ziemlich armselig bestellt. Die meisten tropischen Baumarten, welche dort heute das Auge entzücken, stammen aus einem alten botanischen Garten, den ein Dr. W. Hillebrand vor mehr als dreißig Jahren in der Nähe von Honolulu angelegt hatte. Als Hillebrand nach Europa zurückkehrte (er starb in Heidelberg,) plünderten die Pflanzenliebhaber den ohne alle Aufsicht liegen gebliebenen verwilderten botanischen Garten, und so wurden die Bäume nach den verschiedenen Inseln gebracht, wo sie jetzt überall in Menge zu finden sind.

Der Oberaufseher der Zuckerpflanzung, ein gebildeter deutscher Maschinist mit Namen A. Ahrens, der auch die Mühle und die Dampfmaschine unter seiner Obhut hatte, besaß eine Frau, die halb kanakischer und halb chinesischer Abkunft war. Die Kinder sahen trotz ihres ziemlich gemischten Blutes ganz aufgeweckt aus und machten mit den vier kleinen struppigen Rattenhunden einen wahren Höllenlärm im Hause, bis der Papa sie mit einem deutschen Kernfluch ins Bett jagte. Wir plauderten dann noch eine geraume Weile im Wohnzimmer meines liebenswürdigen Wirtes und ließen uns einige Flaschen bairischen Bieres trefflich munden. Als ich mich zur Ruhe begab, warnte mich Herr Ahrens vor den Gespenstern, die namentlich beim Vollmond in meinem Schlafzimmer spukten und dort schon manchen Gast in Schrecken gesetzt hätten. Da der Mond gerade mit vollem Pausbackengesicht in mein Schlafgemach guckte, so war die Sache allerdings bedenklich. Trotzdem wurde ich von Gespenstern nicht belästigt! Daß ich elendiglich um meine Nachtruhe kam, war meine eigene Schuld. Ich hatte nämlich vergessen, das Moskitonetz an den Seiten unter die Matratze zu stecken, eine Nachlässigkeit, die von einem ganzen Schwarm hawaiischer Blutsauger benutzt wurde, indem dieselben geschickt unter das Netz krochen und mich grausam im Bett überfielen. Moskitonetze gehören in allen Küstenplätzen auf den Sandwich-inseln zur Einrichtung der Betten. Ohne ein Moskitonetz, dessen untere Seiten man aber, nachdem man sich niedergelegt hat, wie gesagt, unter die Matratze stecken muß, wäre der Schlaf dort fast eine Unmöglichkeit!

Nachdem wir am nächsten Morgen wieder wacker mit den

Moskitos um unseren Imbiß gekämpft hatten, versuchte ich es, auf der Veranda einige Aufzeichnungen zu Papier zu bringen. Unter einem Baldachin von goldgelben Blumen, von welchen die Veranda dicht überrankt war, saß ich wie in einem Feenschloß, umweht von lauen Lüften, in einem bequemen amerikanischen Schaukelstuhl. Ein Mynah (ein hawaiischer Singvogel) sang mir sein Morgenlied vor. Blumen und Sonnenschein, milde Lüfte und Vogelsang wurden von mir gewiß hochgeschätzt. Aber im Paradiese dünkte ich mich dennoch nicht, denn ich mußte mit jeder Hand einen Palmblattfächer unausgesetzt in Bewegung halten, um die bissigen schwarz und weiß gefleckten „Tagesmoskitos" fortzutreiben, die mich durch unausgesetzte Angriffe am Schreiben zu hindern sich bemühten. Im Hochsommer sollen jene sogenannten Preußen in Wainae bei 90 Grad Fahrenheit Hitze im Schatten (25,8 R.) noch kriegerischer gesinnt sein. Herr Widemann und Herr Ahrens waren bereits nach der Zuckermühle vorangegangen, wohin ich ihnen bald darauf durch den Kokospalmenhain und quer durch die Felder folgte, denn dort war ich wenigstens sicher, nicht von den Moskitos, welche die unmittelbare Nähe des Meeres nicht lieben, bei lebendigem Leibe verspeist zu werden. Ein Schwarm Elstern, die auf den Bäumen in der Nähe des Wohnhauses saßen, schienen mich mit ihrem Geschrei förmlich zu verhöhnen, als ich vor den hawaiischen Blutsaugern die Flucht ergriff.

Die ausgedehnten Gebäulichkeiten der Zuckermühle (die man sich aber nicht als eine Mühle mit Schaufelrädern, sondern als eine Art Maschinenhaus und Dampfsiederei vorstellen muß), sowohl die Wände als das Dach derselben, waren ganz aus zinkgalvanisiertem starken Wellblech erbaut worden. Die Balken, Fußböden, Stiege u. s. w. bestanden aus Stein und Eisen, so daß von Feuersgefahr in dem Gebäude nicht die Rede sein konnte. In den beiden Stockwerken standen mächtige offene Kufen und oben geschlossene große kupferne Siedekessel in Reihen da. Hier kochte der braune Saft unter einem hohen Hitzegrad, dort wurde die mit schmutzigem dicken Schaum bedeckte Flüssigkeit geklärt und dann verdampft, bis zuletzt der noch warme Rohzucker aus einem langen Holztrog in Haufen auf dem Steinboden zusammen= floß, wo er in Säcke, die gefüllt 120 Pfund wiegen, geschaufelt wurde. Wainae liefert zwei Sorten Rohzucker, der, wie aller hawaiischer Zucker, zum Raffinieren nach San Francisco geschickt wird. Von 350 Acker Kulturland werden in Wainae jährlich 1800 bis 2000 Tons Rohzucker gewonnen.

Am meisten fesselte mich der Platz, wo das Zuckerrohr auf einer langen Reihe von offenen Eisenbahnwagen unmittelbar von den Feldern bei der Mühle anlangte. Auf jedem Wagen standen zwei Kanaken oder Chinesen, die das Rohr mit großen Hau= messern zerteilten. Die kurzen Stücke warfen jene gleich auf eine neben der Wagenreihe liegende, sich in Gliedern fortbewegende endlose Holzbahn, vermittelst welcher das Zuckerrohr vor die beiden gewaltigen Walzen aus Gußeisen gebracht wurde, die es empfingen und zerquetschten. Schlecht zerquetschtes Rohr wurde zweimal zwischen die Walzen geworfen. Unten lief der Saft ab, während das ausgepreßte holzige Rohr in Haufen an die Seite fiel und gleich als Feuerungsstoff für die Dampfmaschine Verwendung fand. Letzteres ist für die Zuckerindustrie auf den Sandwichinseln von der allergrößten Wichtigkeit, da Steinkohlen eingeführt werden müssen und Brennholz auf den Inseln kost= spielig und nur in beschränkter Menge zu finden ist. In Wainae wird nur die Lokomotive mit Steinkohlen geheizt; aller andere Feuerungsstoff besteht dort aus zerquetschtem Zuckerrohr.

Sechszehntes Kapitel.

Die Zuckerindustrie auf den Sandwichinseln. — Bestimmungen des Zollvertrags mit Bezug auf Rohzucker. — Nutzen des Zollvertrags für die Pflanzer. — Der drohende neue Tarif in den Vereinigten Staaten. — Der Zuckerkönig Claus Spreckels. — Die California Sugar Refinery in San Francisco. — Die große Zuckerpflanzung bei Spreckelsville auf der Insel Maui. — Schicksale der Hawaiian Sugar and Commercial Company. — Auf der Landungs= brücke von Waianae. — Rückkehr nach Honolulu. — Das Kreuz des Südens. — Eine nächtliche Seefahrt unter den Tropen.

Die Zuckerindustrie ist für die Sandwichinseln von einer solchen Wichtigkeit, daß ich sie hier etwas eingehender besprechen will. Zucker ist sozusagen das tägliche Brot für die Bewohner des Königreichs Hawaii, das ganze Inselreich ist bekanntlich überzuckert, und vom Könige Kalakaua herab bis zum chinesischen Kuli lebt, spricht und träumt dort allewelt nur von Zucker. Würde dieser herrliche Stoff von der Ausfuhrliste Hawaiis verschwinden, so wäre ein noch so unternehmender Yankee nicht mehr imstande, genug Geld im „Paradiese des Pacific" zu verdienen, um nur ein halbes Dutzend Mal den Tag den Tropenstaub mit einem Cocktail aus seiner Kehle waschen zu können.

Um den Anbau des Zuckerrohrs mit Nutzen zu betreiben, müssen bei den gegenwärtigen Zuckerpreisen mindestens fünf Tons (10000 ℔) Rohzucker von einem Acker gewonnen werden. Sieben Tons von einem Acker ist eine vorzügliche Ernte. Man pflegt in jedem Jahr ein Fünftel von dem für den Anbau von Zuckerrohr bestimmten Boden mit Rohr zu bestellen, so daß z. B. auf einer 1000 Acker großen Pflanzung jedes Jahr 200 Acker mit Rohr bebaut werden. Um Zuckerrohr zu pflanzen, wird dies in 10 bis 12 Zoll lange Stücke zerschnitten, von denen jedes vier Glieder enthält. Diese Rohrstücke werden in Reihen von sechs Fuß Abstand der Länge nach mit geringem Zwischenraum in Furchen neben einander niedergelegt und dann mit Erde zugedeckt. Nach einiger Zeit sprießt aus jedem von den Knoten, welche die Glieder verbinden, ein Schößling empor. Das Rohr gelangt in 18 Monaten zur Reife und wird dann geschnitten. Eine kleinere sogenannte Rattoon-Ernte (Rattuhn) ist der zweite Nachwuchs, dem mitunter noch ein dritter Nachwuchs folgt, worauf das Rohr ausgerodet wird. Alter zersetzter Lavaboden, der viel vulkanische Asche enthält, ist für den Anbau von Zuckerrohr sehr gesucht und soll bei genügender Bewässerung fast unerschöpflich sein. Feuchter Boden, auf dem früher Taro angepflanzt wurde, gilt für das allerbeste Zuckerland.

Im ganzen giebt es gegenwärtig auf den hawaiischen Inseln 72 Zuckerpflanzungen, die von verschiedener Größe sind, die meisten von ihnen mit einer Bodenfläche von 1000 bis 2500 Acker. Das darin angelegte Gesamtkapital beträgt ungefähr 30 Millionen Dollars, wovon über 22½ Millionen amerikanisches Kapital sind. Auf der Insel Hawaii liegen 36 Pflanzungen, auf Maui 14, auf Kanai 13, auf Oahu 7 und auf Molokai 2. Darunter sind 47 Pflanzungen mit eigenen Mühlen versehen, während die übrigen ihre Zuckerrohrernte nach fremden Mühlen schicken. Außerdem giebt es 7 große Mühlen (3 auf Hawaii, 3 auf Kanai und 1 auf Maui), die von den Pflanzungen getrennt sind und das Mühlengeschäft unabhängig betreiben. Maui, die fruchtbarste von allen Inseln, gewöhnlich die „Garteninsel" genannt, befindet sich zum großen Teil in den Händen von deutschen Pflanzern.

12*

Bei dem auf den Sandwichinseln üblichen Zerquetschungs-
Verfahren, wie es in dem vorhergehenden Kapitel beschrieben wurde, wird etwa 78% Zucker gewonnen. Im
Jahre 1888 wurde auf der Insel Kauai der erste Versuch mit
einer aus Deutschland eingeführten sogenannten Diffusions-
maschine gemacht, vermittelst welcher man durch drei- oder viermal
wiederholtes Kochen des Rohrs bis 99% Zucker gewinnen soll.
Diese Behandlung nimmt aber bedeutend mehr Arbeitskraft als
die althergebrachte in Anspruch. Auch vermehren sich bei dem
neuen Verfahren die Unkosten der Feuerung sehr, indem die
übrig bleibenden Rohrreste nicht wie beim Zerquetschungs-Ver-
fahren zum Heizen benutzt werden können.

Nach dem Zollvertrag zwischen dem Königreiche Hawaii
und den Vereinigten Staaten von Nordamerika darf Rohzucker
bis 20 Farbe (nach „Holländisch Standard") frei von den
Sandwichinseln nach dem Unionsgebiet eingeführt werden; um
ganz sicher zu gehn, verschiffen die Pflanzer aber selten feineren
Rohzucker, als 16 „Farbe". Das ganze Roherzeugnis von
hawaiischem Zucker wird an zwei große in San Francisco
liegende Raffinerien geschickt: an die American- und an die
California-Refinery. Eine Raffinerie in Honolulu zu errichten,
würde von keinem Vorteil sein, weil raffinierter Zucker in den
Vereinigten Staaten, dem fast ausschließlichen Markte für das
Inselreich, zollpflichtig ist. Von der Zuckerernte im Jahre 1887,
die sich auf ungefähr 100000 Tons belief, erhielt die American-
Refinery etwa 60000 Tons, wovon das große deutsche Haus
H. Hackfeld & Comp. in Honolulu allein über 20000 Tons
verschiffte, die California-Refinery (Claus Spreckels in San
Francisco) etwa 40000 Tons. Im Jahre 1888 belief sich die
Ernte auf ungefähr 110000 Tons, 1889 auf 125000 Tons.
Im Jahre 1887 betrug der Durchschnittspreis von Sandwich-
Island-Zucker in San Francisco 75 Dollars die Tonne, 1888

etwa 85 Dollars die Tonne — alle Unkosten abgezogen. Das ist ungefähr 10 Dollars die Tonne weniger, als auswärtiger Zucker von derselben Güte mit Zoll in New York kostet. Die 10 Dollars werden in San Francisco dem Pflanzer abgezogen, weil dieser Betrag den Verschiffungskosten von einer Tonne Zucker von Honolulu nach New York (wo der den Preis bestimmende Markt ist) gleichkommt. Die Pflanzer erhalten also den ganzen Nutzen des Zollablasses weniger 10 Dollars die Tonne. Ihren Zucker nach New York zu schicken, würde ihnen keinen Vorteil bringen, und wegen schnellerer und leichterer Verbindung ziehen sie den Markt in San Francisco dem im Osten der Vereinigten Staaten vor.

Wie groß der Nutzen ist, den die Pflanzer durch den Zollvertrag erlangen, wird klarer, wenn ich sage, daß der Durchschnittszoll auf Zucker von den Sandwichinseln, stände dieser nicht auf der Freiliste, 2 bis 2¼ Dollars an 100 Pfund in den Vereinigten Staaten betragen würde. Jetzt erhalten die hawaiischen Pflanzer durchschnittlich 1½ bis 1¾ Dollars mehr für 100 Pfund Zucker in San Francisco, als irgend ein anderes auswärtiges Land. Es frägt sich nur, ob der Zoll auf Zucker in nicht ferner Zeit ganz oder teilweise in den Vereinigten Staaten für alle auswärtigen Länder abgenommen werden wird. Das wäre für die Sandwichinseln ein harter Schlag, denn alsdann könnten sie den Mitbewerb anderer Länder, namentlich den Westindiens, kaum aushalten, und der vorhin erwähnte Nutzen von 1½ bis 1¾ Dollars an 100 Pfund Rohzucker fiele ganz fort. Der dem Kongreß in Washington vorliegende neue Tarif, welcher vorschlägt, fremden Rohzucker unter 13 Holländisch Standard auf die Freiliste zu stellen, dagegen alle Zuckersorten über 13 „H. St." mit einem Zoll zu belegen, der auf Zucker über 16 „H. St." ⁶⁄₁₀ Cents das Pfund betragen soll, und dem einheimischen Zucker eine Prämie von zwei Cents das Pfund zu

gewähren, hat begreiflicherweise im Königreiche Hawaii große
Aufregung hervorgerufen, und es wird die Entscheidung darüber
von den Zuckerpflanzern mit fieberhafter Spannung erwartet.
Gegenwärtig blühen noch alle Geschäfte im Königreiche Hawaii,
aber die Möglichkeit einer Kündigung oder einer Änderung des
Zollvertrags seitens der Vereinigten Staaten hängt wie ein
Damoklesschwert über den Häuptern der Pflanzer und Kaufleute.
Durch die zollfreie Einfuhr von Rohzucker nach Amerika aus
allen auswärtigen Ländern würden die Pflanzer in Hawaii vier
bis fünf Millionen Dollars im Jahre einbüßen, die ihnen jetzt
als nicht erhobener Zuckerzoll von den Vereinigten Staaten
eigentlich geschenkt werden. Auch Californien würde stark in
Mitleidenschaft gezogen werden, indem der auswärtige Handel
des Königreichs Hawaii, den die Stadt San Francisco bisher
fast ausschließlich beherrscht hat, wahrscheinlich zum großen Teil
für diese verloren ginge.

Claus Spreckels, der californische „Zuckerkönig", hat
sich in Hawaii viele Feinde gemacht, indem er versuchte, die
Pflanzer zu zwingen, ihre ganze Zuckerernte auf Schiffen, die
ihm gehören, an seine Raffinerie nach San Francisco zu senden.
Dies wollten sich viele Pflanzer nicht gefallen lassen, und diese
gründeten infolgedessen die bereits genannte American Sugar
Refinery in San Francisco, an welche sie ihren Rohzucker ver-
schifften. Im März 1888 verband sich diese Raffinerie mit dem
Sugar Trust (einer Vereinigung der Raffinerien im Osten der
Union), mit welchem Spreckels seit geraumer Zeit einen grimmigen
Krieg führt. Dieser Krieg nahm im Januar 1890 zeitweilig
eine günstige Wendung für den Zuckerkönig. Auf Befehl der
californischen Gerichte wurde nämlich die American Refinery
geschlossen, weil sie durch ihre Verbindung mit dem Sugar Trust
ihre Konzession verwirkt hätte; die Obergerichte gaben aber eine
andere Entscheidung ab, so daß jene Raffinerie ihre Thätigkeit

im Juni 1890 wieder beginnen konnte. Daß Spreckels durch die Handlungsweise der gegen ihn verbündeten Pflanzer und durch die vielen unliebsamen Auseinandersetzungen mit Kalakaua einen Groll gegen die Sandwichinseln gefaßt hat, ist nicht zu verwundern. Er hat unendlich viel für die Entwickelung des Inselreichs gethan und ist nicht der Mann, sich von irgend jemandem Befehle vorschreiben zu lassen. Durch den Bau einer großen Raffinerie in Philadelphia, die täglich eine Million Pfund (= 3000 Faß) Zucker liefert, welches Quantum man in kurzer Zeit zu verdoppeln gedenkt, hat Spreckels den Krieg nach Afrika geführt. Seinen beiden Söhnen, die ihm an Tüchtigkeit nicht nachstehen, hat er die Verwaltung des Geschäftes in Californien und auf den Sandwichinseln übertragen, während er selbst in Philadelphia dem Sugar Trust nun die Hölle heiß macht.

Die von Spreckels in San Francisco gegründete California Sugar Refinery ist eine der größten ihrer Art in der Welt. Sie hat 1¼ Million Dollars gekostet und ist so großartig angelegt, daß sie mit Leichtigkeit die ganze Zuckerernte der Sandwichinseln raffinieren könnte. Aber Spreckels erhält, wie bereits erwähnt wurde, nur etwas mehr als ein Drittel jener Ernte. Der Rohzucker, den er aus Manila bezieht, läßt sich nicht gut raffinieren und steht an Güte dem hawaiischen bedeutend nach. Der Anbau von Zuckerrüben in Californien, der im Jahre 1888 durch die Unterstützung von Spreckels auf großartige Weise erweitert wurde, hat bis jetzt bedeutenden Erfolg gehabt, würde aber durch die Abschaffung des Zolls auf Rohzucker arg geschädigt werden. 1889 belief sich der Ertrag bereits auf 2000 Tons Rohzucker. Der Durchschnittspreis für Rüben war 5¼ Dollars die Tonne, bei einer Ertragsfähigkeit von zehn und mehr Tons den Acker. Bei Watsonville (105 engl. Meilen — 169 km — südlich von San Francisco) hat Spreckels eine Zuckerrüben-Fabrik gegründet, die ½ Million Dollars gekostet hat; für eine zweite

ebenso große Zuckerrüben-Fabrik wurde die Maschinerie bereits
in Deutschland bestellt. Die Errichtung einer zweiten Fabrik
hängt aber ganz und gar von der Tarifgesetzgebung des Kongresses
ab. Die Behauptung mancher Honoluluer, Spreckels wolle durch
das Unternehmen mit Runkelrüben in Californien in blinder
Wut die Sandwichinseln zu Grunde richten, scheint aber nicht
glaubhaft, denn jener hat viel zu viel Geld im Königreiche Hawaii
angelegt, um sich auf diese Weise selbst zu schaden.

Claus Spreckels ist im vollen Sinne des Wortes ein „self
made man". Dieser aus Stade gebürtige thatkräftige deutsche
Mann begab sich, als er nach den Vereinigten Staaten aus-
wanderte, zuerst nach Charleston in Süd Carolina, wo er einen
kleinen Materialwarenladen errichtete. 1852 ging er nach San
Francisco, wo er wieder einen solchen Laden besaß, dann
Bierbrauer und schließlich Zuckerhändler wurde. Seine Erfindung
des Würfel-Zuckers, der jetzt die ganze Welt erobert hat, war
sein erster Glückswurf und brachte ihm viel Geld ein. Von der
Zeit an arbeitete er sich schnell empor. Heute ist er Bankier
und, in Gemeinschaft mit seinen Söhnen, Eigentümer eines der
angesehensten Geschäfte in San Francisco und San Diego,
Besitzer der größten Zuckerraffinerien in Amerika, von Zuckerpflanzungen und einer ganzen Flotte von Dampf- und Segel-
schiffen. Sein Vermögen wird auf 20 Millionen Dollars geschätzt,
und er ist einer der einflußreichsten Geldmänner nicht nur in
Californien, sondern in den Vereinigten Staaten. Seinen Namen
der Zuckerkönig führt er mit vollem Recht. Mit merk-
würdigem Scharfblick hat Spreckels es von jeher verstanden,
tüchtige Leute an sich heranzuziehen. Von seinen Untergebenen
wird er trotz seines oft etwas herrischen Auftretens vergöttert.
Für seine engeren deutschen Landsleute sorgt er, wenn sich ihm
eine Gelegenheit dazu bietet, auf die freigebigste Weise.

Das großartigste Unternehmen, welches Claus Spreckels

auf den Sandwichinseln ins Leben gerufen hat, ist die auf der Insel Maui liegende 16000 Acker große Zuckerpflanzung bei Spreckelsville (man vergleiche Seite 111), auf welcher im Jahre 1887 etwa 3000 Acker bewirtschaftet wurden. Hier ging aber durchaus nicht alles nach Wunsch. Im Gegenteil, die Hawaiian Commercial and Sugar Company (der Name dieser Gesellschaft), hatte mit den größten Schwierigkeiten zu kämpfen und begann erst nach jahrelangem Mißerfolg nutzbringend zu werden. Das Anlagekapital jener im Jahre 1882 auf Aktien gegründeten Gesellschaft besteht aus 100000 Aktien (shares), und es wurden auf jede Aktie 23 Dollars angezahlt — also aus einem Barvermögen von 2300000 Dollars. Die Riesenpflanzung steht auf den Sandwichinseln einzig in ihrer Art da. Während andere Zuckerpflanzungen einen jährlichen Überschuß von 20, 40 und sogar 60% verzeichnen konnten, erzielte die große Pflanzung bei Spreckelsville bis zum Jahre 1888 so gut wie gar keinen Gewinn. Zuerst war der Glaube an Spreckels' Unfehlbarkeit so groß, daß man sich an der Börse in San Francisco um die Papiere förmlich riß, und es stieg der Marktpreis der Aktien schnell bis auf 65 Dollars. Als aber die Ernte der ersten Jahre fast ganz verloren ging, stellte sich plötzlich eine Panik ein, und es fielen die Aktien in unglaublich kurzer Zeit bis auf 25 Cents.

Um das Unternehmen vor dem Bankerott zu retten, ließ Spreckels eine Summe von 1100000 Dollars, welche die Gesellschaft ihm schuldete, in Pfandbriefen (bonds) mit 7% hypothekarisch auf das Eigentum derselben eintragen, obgleich es ihm ein Leichtes gewesen wäre, wenn er die sofortige Zahlung der Schuld verlangt hätte, damals alle Aktien für zehn Cents das Stück zu erwerben. Jahrelang schwankten dann die Aktien zwischen zwei und vier Dollars. Infolge der höheren Zuckerpreise und einer in Aussicht stehenden guten Ernte begannen die Aktien zu Anfang des Jahres 1888 wieder zu steigen. Im Juli 1888 erreichten dieselben bereits 20 Dollars. Während des Jahres 1889 wurden sie an der San Francisco-Börse zu 30 bis 35 Dollars notiert. Daß Hawaiian Stock schon oft vielen Börsenspekulanten in der californischen Handelsmetropole schlaflose Nächte verursacht hat, ist dort nichts Neues. Hing der hawaiische Börsenhimmel wieder einmal voller Geigen, so war dies manchem biederen Deutschen, der sich im Vertrauen auf den guten Stern unseres Zuckerkönigs Hawaiian Shares gekauft hatte, gewiß von Herzen zu gönnen.

Der Hauptfehler der Anlagen jener großen Zuckerpflanzung bestand darin, daß sie nicht nur viel zu viel Geld gekostet haben, sondern auch ihren Zweck nicht erfüllten. Eine ausgedehnte Wasserleitung, vermittelst welcher man das ganze Besitztum zu bewässern gedachte, bewies sich als ungenügend. Es kamen trockene Jahre, in denen fast alles zu Grunde ging. Von vier großen Zuckermühlen, die jede von ihnen mehrere hunderttausend Dollars gekostet hat, stehen zwei ganz unbenutzt da, weil nicht genug Zuckerrohr vorhanden ist, um sie in Thätigkeit zu halten, und nur eine von ihnen ist in stetigem Gebrauch. Dann mußte der Boden in der riesigen Pflanzung geklärt, eingezäunt und von Steinen gereinigt werden, eine Änderung der Gräben war notwendig geworden, kostspielige Gebäude, neue Wasserwerke mußten errichtet werden, eine Eisenbahn, Hafenanlagen u. s. w. verschlangen eine Unmasse Geld, — genug, die Ausgaben beliefen sich in den meisten Jahren höher als die Einnahmen, so daß sich das Unternehmen nur mit äußerster Mühe sozusagen über Wasser hielt.

Die größte Zuckerernte erzielte man im Jahre 1886, die sich auf 14025 Tons belief. Dieselbe ergab einen Nutzen von 308416 Dollars und 46 Cents. Aber man hatte im vorhergehenden Jahre 150000 Dollars zugesetzt, und unvorhergesehene Ausgaben verschlangen den Rest, so daß für die Besitzer der

Aktien nichts übrig blieb. Von 1600 Acker neuen Kulturlandes wurden durchschnittlich 5 Tons Zucker auf einem Acker erzielt, von 1650 Acker „Rattoon" (zweite Ernte) nur $3^{65}/_{100}$ Tons auf einem Acker. — Im Jahre 1887 belief sich die Zuckerernte der Pflanzung nur auf 8182 Tons und ergab einen Verlust von 122 000 Dollars. Die Hauptursachen dieser Mißerfolge sind in dem geringen Regenfall, der 13^{01} Zoll gegen 30^{53} Zoll im vorhergehenden Jahre betrug, und in den niedrigen Zuckerpreisen zu suchen.

Einen Begriff von der Größe des Unternehmens wird dem Leser der mir vorliegende Jahresbericht der Hawaiian Commercial and Sugar Company vom 31. Oktober 1887 geben, der folgende Einzelheiten anführt:

Hilfsquellen	$ 3 670 943.04
Schulden.................	„ 1 052 147.45

bleibt ein Guthaben von $ 2 618 795.$^{59}/_{100}$

Als Hauptposten unter den Hilfsquellen wurden angeführt:

Grundbesitz	$ 670 300. —
Gebäude.................	„ 255 499.79
Mühlen	„ 1 058 410.99
Haikee-Graben	„ 381 355.48
Waihee-Graben	„ 171 997.31
Eisenbahn................	„ 308 035.58
Pflanzung	„ 484 861.54

Seit 1887 hat sich in Spreckelsville vieles gebessert. 1889 kamen 2000 Acker neuen Bodens unter Kultur; die Unkosten des Betriebs wurden von 75 000 auf 40 000 Dollars den Monat eingeschränkt; die Gräben, welche nicht cementiert sind, halten das Wasser, das früher stark durch die Böschungen sickerte, jetzt besser zurück; die Mühlen und Maschinen sind in vortrefflichem Zustand und das Land ist von losen Steinen gereinigt worden;

die Hauptausgaben wurden bereits bestritten und die Aktionäre erhielten ansehnliche Dividenden. Es frägt sich nun, ob die jüngst errungenen Erfolge Bestand haben werden, ob die goldene Ernte für die Besitzer von Hawaiian Stock anhalten wird, namentlich aber ob die Aktien nicht wieder einen Rückschlag erleben werden — Fragen, die ungefähr so schwer zu beantworten sind wie ein Delphischer Orakelspruch!*)

* * *

Nachdem ich die Zuckermühle in Wainae in allen ihren Teilen aufmerksam betrachtet, und meine Kenntnisse über Zucker-mühlen, Zuckererzeugung, Zuckerpflanzungen, Zuckerernten, Zucker-land, Zuckerrohr, Rattuhnzucker, Rohzucker, raffinierten Zucker, Zuckerpreise, Zuckermarkt und Zuckergeschäft im allgemeinen um ein Bedeutendes erweitert hatte, begab ich mich auf die Landungs-brücke und verbrachte dort mehrere Stunden, um dem Verladen von 1436 Säcken Rohzucker Nr. 1 zuzuschauen.

Eine Schar kräftiger Kanaken schaffte die Säcke vermittelst Schlingen und über ein langes geneigtes Brett in die tief unter uns liegenden Böte, welche sie nach dem Dampfer be-förderten. Es war hoher Nachmittag geworden, als dieser zur Rückfahrt nach Honolulu bereit war. Durch Telephon benach-richtigte Herr Widemann den Kapitän der Australia, die am nächsten Morgen in See stechen sollte, um die Reise nach San Francisco anzutreten, daß wir eine Ladung Zucker nach Honolulu

---

*) Wie unsicher die Aktien der Hawaiian Commercial and Sugar Company immer noch sind, das zeigte sich deutlich im Sommer 1890. Während die Mc. Kinley-Bill im Kongreß vorlag und noch gar nichts über das Schicksal derselben entschieden war, fiel Hawaiian Stock in 3 Monaten von 85 auf 13 Dollars die Aktie. Sollte Rohzucker unbeschränkt auf die Freiliste gestellt werden, so würde ein weiterer Rückgang der Zuckeraktien unausbleiblich sein.

brächten und ersuchte ihn, alles für das schnelle Umladen und
die Weiterbeförderung von 1436 Säcken Zucker vorzubereiten.
Bald kam die Antwort „all right!" aus dem Munde des
Kapitäns der Australia von dem 30 englische Meilen (48 km)
entfernten Honolulu zurück; dann wurde der Anker aufgehißt,
und der Dampfer Kaala setzte sich endlich wieder in Bewegung.

Prangend wölbte sich ein doppelter Regenbogen über den
mit Wolken gekrönten gezackten Kraterbergen hinter Wainae, als
wir uns von dort entfernten, und bald waren die Gebäude auf
der Pflanzung, der Kokospalmenhain und der hohe Schornstein
der Zuckermühle unseren Blicken entschwunden. Ein wunderbar
schöner Sonnenuntergang schmückte den westlichen Teil des
Himmels. Goldige, rote und purpurne Flammenbüschel schossen
vom Horizont empor, und ein immer wechselndes Bild einer in
allen Farben des Irisbogens strahlenden Himmelslandschaft, mit
lichten Wolkengebirgen, bunt schimmernden Buchten, Inseln und
Festland, folgte dem verschwundenen Sonnenball. Schnell brach
die Nacht herein. Die Gestirne blitzten am bläulichen Himmels-
gewölbe mit einer im Norden nie gesehenen Pracht. Die herrlichen Sternbilder der nördlichen Breite und die wie ein Silber-
band leuchtende Milchstraße vereinigten ihren Glanz mit dem
Kreuze des Südens, das uns vom tiefen Horizonte einen Gruß
herüberstrahlte. An Schönheit vermag sich aber der südliche
Sternenhimmel und das Kreuz des Südens nicht mit dem
Orion und den nördlichen Sternbildern zu messen. Die fünf
Gestirne (vier äußere von verschiedener Größe, worunter nur
einer ersten Ranges und ein schwach leuchtender Seitenstern),
welche das Kreuz des Südens bilden, haben die Form eines
schiefen Vierecks, nicht die eines langen Sternenkreuzes, wie man
sich jenes nicht selten fälschlich vorstellt.

Die laue Tropennacht war herrlich. Vier mit Rosen be-
kränzte Kanakamädchen, die auf einer Bank auf dem Verdeck

Platz genommen hatten, sangen wohl eine Stunde lang eine
rührend klingende Melodie mit nur drei Noten, den O·lo·ing,
wozu ein junger Kanake, der einen Kranz von großen goldgelben
wilden Blumen um seinen Hut geschlungen hatte, auf einer
Mandoline die Begleitung spielte. Ein Heer von diamantenen
Funken blitzte im Fahrwasser des Dampfers, in der Ferne lagen
die dunklen Gebirge Oahus, und über uns breitete sich die blaue
Himmelsdecke mit dem Gewirr blitzender Gestirne aus: genug,
es war eine nächtliche Seefahrt unter den Tropen, wie man sich
eine solche romantischer nicht vorstellen kann. Nur zu schnell
erschienen die Lichter im Nuuanuthale, die Masten der Schiffe
im Hafen von Honolulu und der lange Kraterwall Diamond
Head, die das Ende unserer Seefahrt andeuteten. Vorsichtig
steuerte der Kapitän den Dampfer Kaalä durch den engen Paß
im Korallenriff auf die rote Laterne zu, welche ihm die genaue
Richtung nach der Landungsbrücke zeigte, wo wir bald darauf
wohlbehalten anlegten. Um zehn Uhr in der Nacht wanderte
ich durch die einsamen Straßen Honolulus nach meinem alten
Quartier, dem gastlichen Hawaiian Hotel.

Siebenzehntes Kapitel.

Letzte Tage in Honolulu. — Ein Zukunftskabel. — Der „Dampfertag" in
Honolulu. — Auf die Punschbowle. — Das alte Fort. — Die Schlacht
beim Punch-Bowl. — Ankunft der Zealandia. — Erlaubnis zur Abreise. —
Unangenehme Lage des Bullaumalers Tavernier. — Ein herzlicher Abschied.

Die Stunde für meine Rückreise nach San Francisco rückte
allmählich näher heran. Mir war dies nicht unlieb, denn auf
die Dauer wurde mir der Aufenthalt in Honolulu, trotz des
außerordentlich liebenswürdigen Entgegenkommens meiner dort
lebenden Landsleute, doch etwas einförmig, und auch das Neue,
das ich in dem schönen Tropenlande sah, verlor nach und nach
seinen Reiz. Namentlich konnte ich mich nicht daran gewöhnen,
wochenlang gar keine Nachrichten von der Außenwelt zu erhalten.
Für die Fremden wäre ein telegraphisches Kabel von Californien
oder Britisch Columbia nach Australien und Japan, dessen Mittel-
station naturgemäß Honolulu sein müßte, eine große Annehm-
lichkeit. Das Königreich Hawaii hat einer überseeischen Kabel-
verbindung eine jährliche Unterstützung von 20 000 Dollars
verbürgt, und es ist gewiß nur eine Frage der Zeit, daß eine
solche hergestellt werden wird. Gegenwärtig erfordern die
Handelsverhältnisse in der Südsee aber kaum ein derartiges sehr
kostspieliges Unternehmen, zumal Neu Seeland, der australische

Kontinent und Japan bereits eine telegraphische Verbindung mit der alten Welt besitzen. *)

Die lebendigste Zeit in Honolulu ist der Tag, an welchem ein Postdampfer aus San Francisco anlangt, der die neuesten Briefe und Zeitungen mitbringt. Jedermann kauft sich alsdann eine gute Auswahl californischer Zeitungen; das Postgebäude ist stundenlang förmlich belagert, und es herrscht in den großen Kaufmannshäusern die regste Thätigkeit. Ich will hier erwähnen, daß das Königreich Hawaii für einen Brief nach auswärts, der nach anderen Ländern des Weltpostvereins als die Vereinigten Staaten, Canada oder Mexiko, z. B. nach Deutschland, England

---

*) Das Legen eines unterseeischen Telegraphenkabels von der Westküste Nordamerikas nach Hawaii, Neu Seeland und Japan wird, wie die neuen Tiefseemessungen des V. St.-Schiffes Albatros bewiesen haben, mit größeren Schwierigkeiten verknüpft sein, als früher angenommen wurde. Kapitän Tanner, der Befehlshaber des Albatros, hat berichtet, daß im nördlichen Stillen Ocean auf der Linie, welcher ein unterseeisches Kabel zwischen der californischen Küste und Hawaii folgen müßte, eine gewaltige Schlucht liegt, die sich von Norden nach Süden in bis jetzt unbekannte Ferne am Meeresboden erstreckt. Der Ost- und der Westrand dieser kaum drei Seemeilen weiten Schlucht liegt nur 1100 Faden unter dem Meeresspiegel, während sie in der Mitte 3800 Faden tief ist. Kein Kabel könnte, ohne zu brechen, die ungeheure Spannung von 2700 Faden zwei Mal kurz nacheinander aushalten. Es wird überhaupt sehr schwierig sein, unterseeische Kabel im pacifischen Ocean zu legen, der in seiner Tiefe ganz voll ist von scharfen Pics, ungeheuren Abgründen und steilen Bergketten, die vulkanischen Ursprungs sind. An der Westküste Amerikas liegt ein schmaler Streifen Meeresgrund, der nur 200 bis 500 Faden tief ist, dann folgt ein breiterer Streifen mit 1000 bis 2000 Faden Tiefe. In der Mitte hat jener Ocean eine Durchschnittstiefe von 3000 Faden. Ein Kabel zwischen Europa und Nordamerika zu legen, wo sich nur ein schräger unterseeischer Abhang westlich von der irländischen Küste befindet, und der Meeresboden an wenigen Stellen tiefer als 2000 Faden und so eben wie eine Tenne ist, ist ein Kinderspiel im Vergleich mit einem Telegraphenkabel am Grunde des Stillen Oceans.

u. s. w. aufgegeben wird, doppeltes Briefgeld berechnet. Ein Brief nach den Vereinigten Staaten, Canada und Mexiko kostet 5 Cents (das gewöhnliche Briefgeld im Weltpostverein); ein Brief von Honolulu nach Deutschland kostet dagegen 10 Cents. Für Briefe innerhalb der Grenzen des Königreichs Hawaii wird 2 Cents berechnet, und es gelten dort dieselben, die Post betreffenden Regeln und Ansätze wie in Amerika. — Während, wie gesagt, die californischen Zeitungen, namentlich die aus San Francisco, mit einem wahren Heißhunger in Honolulu verschlungen werden, kümmert sich dort um die australischen und um andere auswärtige Blätter fast kein Mensch; ein deutlicher Beweis, daß die Beziehungen der Bewohner des Inselreichs mit dem Auslande ganz in Amerika liegen. Einige Engländer aus Aukland in Neu Seeland, die im Hawaiian Hotel wohnten und dort bei jeder passenden und unpassenden Gelegenheit auf den Regen schimpften — „beastly weather, you know!" — machten ihrem Ärger über jene Bevorzugung Amerikas mehrmals in meiner Gegenwart mit grimmigen Worten Luft.

Am Tage vor der Ankunft des Dampfers Zealandia von Sydney, auf welchem ich die Rückreise nach San Francisco antreten wollte, bestieg ich den schon öfters erwähnten, dicht hinter der Stadt liegenden Punch-Bowl-Berg (Puowaina), um einen letzten Überblick auf Honolulu und die Umgebungen der Stadt zu genießen. Mit ziemlicher Mühe erreichte ich auf einem Umwege von der Nordseite her den Rand des 498 Fuß hohen Berges. Dieser, wie auch Diamond Head, Koko Head und die zahlreich auf der Insel Oahu zerstreut liegenden alten Krater, waren ursprünglich Aschenkegel, die ihre Thätigkeit aber längst eingestellt haben. Geologen behaupten, daß dieselben verhältnismäßig neueren Ursprungs sind. Ein plötzliches Wiedererwachen ihrer vulkanischen Thätigkeit ist allerdings ziemlich unwahrscheinlich, aber doch nicht unmöglich, und es sind jene alten Krater in der unmittelbaren Nähe der Hauptstadt gar keine angenehmen Nachbarn für die Bewohner. Das Innere der Punschbowle gleicht einer großen mit Gras bewachsenen Mulde, — daher der Name. Jedenfalls könnte dieselbe Punsch genug für Kalakaua und für alle seine stets durstigen Unterthanen und Gäste in sich aufnehmen!

Auf der südöstlichen Spitze des Punch-Bowl-Berges, wo das vulkanische Gestein deutlich zu Tage tritt, liegt ein altes sogenanntes Fort, aus welchem man ehedem Salutschüsse abzufeuern pflegte. Vier verrostete Geschützrohre lagen auf der Erde neben ihren halb zerstörten Lafetten, kein Soldat oder sonst ein Mensch war auf der von zerbröckelten Felsen umwallten Höhe zu sehn, und ein altes dort stehendes Bretterhaus, ohne Thür und mit eingeschlagenem Fenster, sah so verwahrlost wie nur möglich aus. Später erfuhr ich, daß einige patriotisch gesinnte Honoluluer jene Geschütze zur Zeit der ersten großen Revolution dienstuntauglich gemacht hätten, damit Kalakauas Leibgarde die Stadt nicht mit ihnen in Grund und Boden schießen könnte, — eine müssige Vorsicht, da weder Kugeln noch Granaten vorhanden waren! Auch hätte man sich in den Hospitälern früher oft über den ganz unnötigen Lärm beklagt, was vielleicht mehr als die Furcht vor einem Bombardement die Veranlassung gab, die Kanonen unbrauchbar zu machen. Die Aussicht auf das blaue Meer und die lange Küstenlinie, von Diamond Head bis jenseits des Perlenflusses, auf den Hafen und die wie in einem großen Park liegende Stadt, deren Häuser zwischen den grünen Baumwipfeln hervorlugten, auf die umliegenden Thäler und den die Rundschau im Norden abschließenden vielgipfeligen Gebirgszug war überaus malerisch.

In der Nähe des Punch-Bowl-Berges wurde im Jahre 1794 eine Schlacht zwischen dem Könige Kalani von Oahu und seinem Onkel Kaeo, dem Beherrscher von Kauai, geschlagen. Letzterer war mit einem ansehnlichen Heere von seiner Insel gekommen, um Oahu zu erobern. Mit einer großen Flotte landete er in der Nähe von Honolulu und marschierte mit seiner ganzen Macht das Nunanuthal hinauf, wo sich ihm Kalani am Fuße des Punchbowl mit seinen Kriegern zum Kampfe entgegenstellte. Kalanis Gemahlin, die Königin Kupule, und alle Frauen, deren Männer in die Schlacht gezogen waren, hatten den Berg erklettert, von wo jene die Krieger Oahus durch Gesang und Zuruf zu Heldenthaten anfeuerten. Plötzlich bemerkte Kupule, daß Kaʻos Flotte ohne allen Schutz im Hafen lag. Mit 1200 Frauen rannte sie im Rücken des feindlichen Heeres den Punchbowl hinab und entführte sämtliche Schiffe nach Waikiki. Als die Kauaier dies entdeckten, war ihre Bestürzung derartig, daß es Kalani nur wenig Mühe kostete, sie zum Niederlegen ihrer Waffen zu bewegen, zumal er seinen Onkel bereits mit einem Speerwurf getötet hatte. Schließlich verbanden sich die Krieger von Kauai mit denen von Oahu gegen Kamehameha I. Die Entscheidungsschlacht gegen diesen fand, wie ausführlich im fünften Kapitel geschildert wurde, im folgenden Jahre auf dem Pali statt.

Wie steil der Abstieg vom Punchbowl war, den die Königin Kupule und die 1200 Frauen Oahus vor fast hundert Jahren hinunterliefen, ward mir bei meiner Rückkehr nach der Stadt klar, als ich denselben Weg einschlug. Statt hinunterzulaufen hielt ich es für geraten, den felsigen Abhang mit äußerster Vorsicht langsam hinunterzuklettern, um nicht auf den Sandwichinseln noch zuguterletzt Hals und Bein zu brechen. Ganz erschöpft und in Schweiß förmlich gebadet erreichte ich nach einigen Stunden wieder das Hawaiian Hotel und gelangte zu der Überzeugung, daß dies kein Land sei, in welchem lange Spaziergänge und Bergbesteigungen für gewöhnliche Menschenkinder angebracht sind. Das heutige Geschlecht klettert überhaupt fast gar nicht mehr auf die Punchbowle. Ich glaube nicht, daß mehr als einer von hundert der gegenwärtigen Bewohner Honolulus je dort oben waren. Die alte Poesie und Heldenzeit ist längst dahin. Kupule und ihre 1200 leichtfüßigen Begleiterinnen würden voll Mitleid die heutigen Kanakafrauen betrachten, wenn sie einigen derselben zufällig begegneten. —

Am 15. Januar langte der Dampfer Zealandia im Hafen von Honolulu an. Zunächst verschaffte ich mir für einen Dollar die Erlaubnis zur Abreise, indem ich mir einen Schein löste, worin ich durch Unterschrift an Eides Statt bekräftigte, daß ich im Reiche Kalakauas alle meine Schulden bezahlt hätte. Ohne einen solchen Paß darf niemand das Paradies der Südsee verlassen. Wer fünf Dollars oder mehr schuldet, den kann sein Gläubiger, und wäre dieser nur ein chinesischer Waschmann, ohne weiteres wieder vom Dampfer herunterholen lassen und ihn hindern abzureisen, bis er bezahlt hat. Als ein warnendes Beispiel wurde mir der in Honolulu berühmt gewordene Vulkanmaler Tavernier genannt. Derselbe war so unvorsichtig gewesen, einige teure blutrote Bilder des Lavasees an His Majesty auf Pump zu verkaufen, für welche dieser zu zahlen vergaß. Infolge dessen vermochte jener Sohn des Apelles, der des schnöden Mammons dringend bedürftig war, seine eigenen Schulden nicht zu begleichen, konnte nicht abreisen und führte in der Nähe der Hauptstadt ein unfreiwilliges Verbannungsleben.

Glücklicherweise befand ich mich nicht in der Lage des Herrn Tavernier, so daß ich ohne Sorgen vor unbezahlten Wasch-, Gasthaus- oder anderen Rechnungen von meinen Freunden in Honolulu Abschied nehmen konnte. Als ich mit mehreren Mitreisenden das Hawaiian Hotel verließ, wurde jedem von uns ein prächtiger Rosenkranz überreicht, womit wir uns die Hüte schmückten. Auf der Landungsbrücke fand das bei allen solchen Gelegenheiten übliche Gedränge, Abschiednehmen u. s. w. statt. Kanakamädchen hatten auf Matten, die auf dem Boden aus-

gebreitet waren, eine Menge von hawaiischen und anderen
Seltenheiten hingelegt, die von den Reisenden als Erinnerung
an Honolulu gern gekauft wurden: Hutbänder und Halsketten
aus kleinen farbigen Muscheln, Fächer verschiedener Art, allerliebste aus braunem Koa-Samen verfertigte Täschchen und Arm-
bänder, Flechtarbeiten aus Bast, Stickereien, Muschelschnüre aus
Fidschi und Tasmanien, allerlei Nippsachen, Blumenkränze u. s. w.
Ein vielstimmiges „Aloha!" erscholl am Ufer, als die Zealandia
sich langsam entfernte, die Matrosen der amerikanischen und
englischen Kriegsschiffe hatten die Raaen bemannt und schwenkten
die Mützen, das Musikchor des Herrn Berger spielte zum Abschied
ein hawaiisches Nationallied.

Ich muß gestehn, daß mir bei diesem herzlichen Abschiednehmen doch etwas eigentümlich zu Mute wurde. Die kleinen
Unannehmlichkeiten, welche ich im Reiche Kalakauas erfahren
habe, sind seitdem fast von mir vergessen worden; aber so manches
warm gezeichnete Tropenbild, die Feuerwelt Hawaiis, die unter
meinen Landsleuten in Honolulu verbrachten heiteren Stunden
und das Leben dort in einer fremdartigen Umgebung haben
durch Zeit und Entfernung nichts von ihrem Zauber verloren.
Als die stolze Zealandia bei Sonnenuntergang am Kraterwall
von Diamond Head vorüberdampfte, ein doppelter Irisbogen die
auf den Gebirgen von Oahu lagernden Wolken wie zum freund-
lichen Abschied mit glänzenden Farben schmückte und ich einen
letzten Blick auf die sich schnell in Dunkel hüllende Küste warf,
bereute ich nicht meinen Besuch im lavaumgürteten schönen
Insellande der blauen Südsee, von dessen riesigen Feuerbergen
und mit Palmen gekrönten grünen Gestaden ich einen Schatz
goldener Erinnerungen mit mir genommen habe.

In demselben Verlage ist erschienen:

Reisebilder und Skizzen aus Amerika. Von Theodor
Kirchhoff. Zwei Bände, 1875 und 1876. Erster Band:
Fünfzehnhundert Meilen in der Stagekutsche;
Bilder aus dem Goldland; Bilder aus dem Süden.
Zweiter Band: Nach Oregon; Streifzüge im Nord=
westen. Preis à Band: broschiert 1 ℳ. 50 ₰, gebunden 2 ℳ.

—— **Der erste Band ist vergriffen.** ——

Adelpha. Gedichte von Christian und Theodor Kirchhoff.
Zwei Bände. Neue unveränderte Ausgabe 1871. Erster Band:
Die Rose vom Rhein; Magnolien vom Mississippi.
Zweiter Band: Eider und Rhein; Bilder aus beiden
Hemisphären. Preis à Band: broschiert 1 ℳ, gebunden
1 ℳ. 50 ₰. Jeder Band ist für sich zu haben.

Friedrich. Ein Studentenleben. Von Christian Kirchhoff.
1883. Erster Band, broschiert 2 ℳ.

Balladen und Neue Gedichte. Von Theodor Kirchhoff.
1883. Preis: eleg. gebunden mit Goldschnitt 4 ℳ.

————————

Im Verlage von Theodor Fischer. Cassel 1886:

Californische Kulturbilder. Von Theodor Kirchhoff (in San Francisco). Gr. 8°. 376 Seiten. Preis: broschiert 6 M., gebunden mit Goldpressung 8 M..

Inhalt:

Beschreibung der Stadt San Francisco.

Städtische Bilder aus San Francisco I bis X.

Das californische Deutschtum und seine patriotischen Feste.

Kreuz und Quer:

I. Die Wunder des Yosemite-Thales und die Mammutbäume von Mariposa.

II. Ein Ausflug nach dem Napathale und den Geysers.

III. Im Bereiche des Mount Shasta.

IV. bis VIII. Eine Reise nach Südcalifornien.

IX. bis XI. Ein Ausflug nach den Gebirgsseen in der Sierra Nevada.

Vermischtes:

Die californischen Indianer und der Moboc-Krieg.

Ein Schneesturm in der Sierra Nevada.

Der erste transkontinentale Schnellzug.

Ein Autoren-Karneval.

Der Piratenschatz auf der Cocosinsel.

Der große Diamantenschwindel.

Anhang.

Die Chinesen in Californien, die Geschichte der Antichinesen-Bewegung in San Francisco und der gegenwärtige Standpunkt der Chinesenfrage.

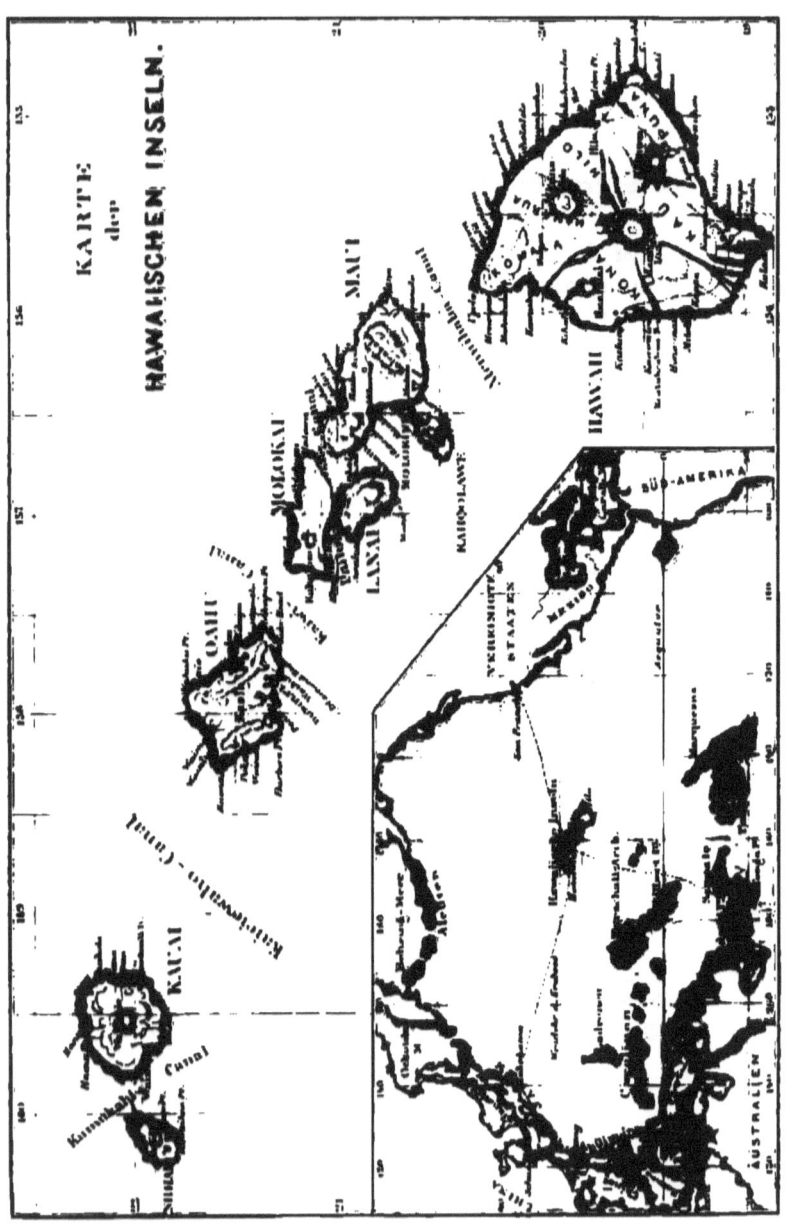

KARTE
der
HAWAIISCHEN INSELN.